资治通

司马光◎著

北方妇女儿童出版社

目录 CONTENTS

序

中华民族要实现伟大复兴，必须有凝聚力。凝聚力的基础是人民具有民族自尊心、自信心，而民族自尊心、自信心的根本来源于对民族文化优秀传统的明确认知。

值得欣慰的是，博大精深的中华传统文化，蕴含着丰富的精神资源。生生不已的变易之道，居安思危的忧患意识，富贵不淫、贫贱不移的大丈夫气概，民为邦本的政治哲学，正德、利用、厚生相统一的精神物质兼顾的文明观，等等，都是开启今人智慧、滋养今人心灵的营养。

为了适应全民阅读的需求，我们本着以弘扬传统文化、传承中华文明为宗旨，精心设计了这套深入浅出，今古相合，适合全民阅读和理解古代先贤智慧的《中华国学经典全民阅读书库》。

本书特点鲜明，以采用多视角、多元化、多维度的图解式为启动引擎，每册图书分为六大版块：阅读图解、观古阅今、辅导讲坛、原典新释、古韵体验和延伸阅读；通过这些版块，详细生动地从不同功用上对丛书之每一国学经典进行全方位的介绍，辅助读者理解古籍中生僻难解之处，有益于在古诗文学习上的理解和提高。

国学，作为一种历史、一种传统、一种文化、一种非物质文化遗产，它所蕴藏的经验、智慧和启示，穿越时空延展至今。我们用它来化解心灵的危机，解释当下的生存困境，救赎迷惘的灵魂。我们正处在现代化进程中，需要从古籍中发掘中华民族固有的传统文化基因作为促进社会进步的重要支撑点，这正是全民阅读国学重要性之所在。

国学流传了几千年，不腐更不会朽，它是清新而流动的活水，万古长青，生机盎然。有鉴于此，我们组织学术界的一流专家，编辑了这套图书，以飨读者。

编者

2015 年 3 月

阅读图解

Yue Du Tu Jie

资治通鉴

阅读结构图解

No.1
阅读图解：这部分内容用和谐的色彩和图形来对本书作者、历史影响等内容进行解读，简单、清晰、直观，有利于读者轻松把控和阅读本书。

No.2
观史阅今：这部分包括本书的历史传承、影响，以及本书的历史地位、作用、意义等内容，起到点睛之笔的作用，能够让读者做到对经典著作的深入和精细化阅读。

No.3
辅导讲坛：用简短、精炼的语言对每一篇的内容进行概括、总结，以期读者更加快速地从宏观角度掌握本书的主要内容。

No.5
古韵体验：用体验的方式阅读，具有亲历性和验证性，当把书籍的内容用在实际中，是活学活用，也是学以致用，《资治通鉴》对我们理政、经商、治学、教育等均有广泛用途，有针对性地用在实践中，是我们阅读的目的。

No.4
原典新释：选取和本书相关的人物、图书、影视以及经典的词句、思想等内容，以增加读者的文化积淀，拓宽视野，培育创造力。

No.6
延伸阅读：这部分内容包括原典、注释、译文和铭记链接，侧重对原典的正确解读，注释译文力求简明准确，链接知识紧扣文本，重在凸显原典主旨，弘扬传统文化。

阅读提纲图解

1.《资治通鉴》也称《通鉴》，是由北宋司马光主编的一部多卷本编年体史书，共 294 卷，历时 19 年完成。主要以时间为纲，事件为目，涵盖 16 朝 1362 年的历史。

2.《资治通鉴》是司马光以为君亲政，贤明之道为出发点所编写成的一本巨著，目的是通过对事关国家盛衰、民族兴亡的统治阶级政策的描述警示后人。

原文部分参照多家白话文本及诸家注、疏、笺、校本，文章经梳理后，以中国现代标点符号标明句读，以方便读者阅读。

注释部分是对古今异义(异音)、生僻、难解等词语进行注释，力求准确严谨，古今相通，简洁明白，便于读者阅读。

中华国学 经典全民阅读书库

商君之死

原文

【周纪二】显王三十一年（癸未，前 338 年）

秦孝公薨，子惠文王立。公子虔之徒告商君欲反，发吏捕之。商君亡之魏；魏人不受，复内①之秦。商君乃与其徒之商於，发兵北击郑。秦人攻商君，杀之，车裂以徇②，尽灭其家。

注释

①内：通“纳”，接纳。

②车裂以徇：车裂，古代一种酷刑，俗称“五马分尸”，即将人头和四肢分别拴在五辆车上，以五马驾车，同时分驰，撕裂肢体；徇，通“殉”。

3.《资治通鉴》被誉为“帝王之书”，所引各书材料有些已亡佚，得赖此书保存。全书体例严谨，前后脉络分明，语言文字也极为简练，对后世史学有重要的指导意义。

4.司马光对《资治通鉴》的文献整理思想，文献整理模式及方法，不仅结出了丰硕成果，丰富了中国古典文献学理论，而且对文献学的发展产生了深远的影响。

资治通鉴

译文

秦孝公死了，他的儿子秦惠文王即位。公子虔的徒众告发商鞅要造反，秦惠文王就派人前去捉拿商鞅。商鞅逃到了魏国。魏国人不接受他，商鞅又逃回到秦国。商鞅就和他的徒众到商於去，兴兵向北进攻郑。秦国军队进攻商君，将他杀死，车裂分尸，并把他全家杀光了。

译文部分参考诸家注、疏、笺、校本，以现代白话的形式解说文言文原文，以帮助现代读者理解原文，明白其意思。

经典语录

1. 秤砣虽小压千斤，以其德足以教化正俗，其才足以顿纲振纪，其明足以烛微虑远，其强足以结仁固义；大则利天下，小则利一国。
2. 国以民为本，民以食为天。
3. 以人为镜，可以知得失。
4. 以其人之道，还治其人之身。
5. 与父老约，法三章耳。
6. 与百姓同甘苦，卑身厚币以招贤者。
7. 运筹帷幄，坐安社稷，论功行赏。

经典语录是对文章内涵的延伸，所选内容和名言都是本书中知名度最高、对后人启发最深刻的，能够拓展读者视野，加深读者记忆，提高阅读质量。

作者年谱图解

1019 年 司马光出生。

1038 年 司马光 20 岁时参加了会试，一举高中进士甲科，从此步入仕林。

1041 年 司马光的父亲病逝，回乡居丧，其间，他读了大量的书，写了许多有价值的文章。

1046 年 司马光接到诏旨，担任大理评事国子直讲。

1051 年 司马光 33 岁，由宰相庞籍推荐任馆阁校勘，对《古文孝经》进行了系统的研究，并撰写了《古文孝经指解》一书。

1053 年 司马光任殿中丞，除史馆检讨，修日历，改集贤校理，专任史官。从此，司马光开始了对历史的研究。

朝廷任司马光为龙图阁直学士，留任谏职。司马光因对谏官彻底失望了，借机连上三状，要求不当谏官。

1065 年

司马光将《通志》进呈英宗，英宗看后大为赞赏。

1066 年

司马光绝口不论政事，专门著述《通鉴》，时间长达 15 年。

1071 年

司马光已 66 岁，将全部修完的《资治通鉴》呈上。神宗皇帝十分重视。

1084 年

司马光因病逝世，宋哲宗将他葬于高陵。

1087 年

作者生平

《资治通鉴》是司马光及其助手刘攽、刘恕、范祖禹等根据大量的史料编纂而成的一部编年体史书，记载了上起周威烈王二十三年，下讫后周世宗显德六年共1362年的历史。司马光（1019年—1086年），字君实，号迂叟，汉族，陕州夏县涑水乡人，世称涑水先生，北宋政治家、史学家、文学家。

司马光在6岁的时候，司马池就教司马光读书，7岁时，不仅能背诵《左氏春秋》，还能讲明白书的要意，并且做出了“砸缸救友”这一件震动京洛的事。后来，司马光跟随着父亲走过好多地方，在这些地方访古探奇，赋诗题壁，领略风土人情，极大地丰富了司马光的社会知识。

神宗赵顼即位以后，年轻年盛，朝气蓬勃，决心振兴祖业。他在虚心下问、多方征求治国方略以后，感到王安石提出的一整套激进、大胆的变革方案很符合自己的思想，于是在1069年，神宗起用王安石为参知政事，主持变法。在经济思想上王安石主张开源，司马光主张节流。

司马光和王安石因政见不同，在一些问题上进行激烈的争辩，有时在皇帝主持的议政会议上也毫不相让，但司马光对王安石的变法也并不一概反对，尤其当变法还未显露明显弊病时，他也并未公开持反对意见。甚至有人要弹劾王安石时，他还进行劝解和说服。

直到王安石颁布“青苗法”，司马光才表示不同意见，他认为县官靠权柄放钱收息，要比平民放贷收息危害更大，表现了强烈不满。王安石变法以后，司马光退居洛阳，绝口不论政事，专门著述《通鉴》，时间长达15年。

哲宗之后，司马光被重新启用，任知陈州，不久，又下诏除授门下侍郎。接着很快就废除了免役法、青苗法。司马光终于完成了自己废除免役法的夙愿，实现了自己的政治主张。

司马光在第二次回朝为相期间，辑录《国语》的精要，编成《徽言》

一书。又将《历年图》和《百官公卿表》增补、总辑为《稽古录》一书，形成一部“略存体要”的简明通史，又负责将《资治通鉴》进行了最后的校定。

司马光历仕仁宗、英宗、神宗、哲宗四朝，死后赠太师、温国公，谥文正。他为人温良谦恭、刚正不阿；做事用功刻苦、勤奋。以“日力不足，继之以夜”自诩，其人格堪称儒学教化下的典范，历来受人景仰。

成书时间

司马光步入仕途之后，一有时间就钻研历史。他发现自古以来历史著作虽然繁多，但是缺少一部比较系统完整的通史，于是他决心自己动手编。最初司马光用了两年时间，写成一部从战国到秦末的史书，共有8卷，名叫“通志”。

1066年，司马光将《通志》献给了宋英宗，英宗看了以后非常满意，立即下令设置书局，作为编书机构，要司马光继续写下去。宋英宗允许司马光自己挑选编写人员，并准许他借阅官府藏书。司马光成立书局时，邀请了当时著名的史学家刘恕、范祖禹等做助手，共同编写这部通史。

宋神宗做了皇帝以后，也认为《通志》这部书不但可以帮助了解历代王朝的治乱兴衰，而且书中记载的历史好像一面镜子，可以常常对照借鉴，因此，他把书名改为“资治通鉴”。“资治”是帮助的意思，“通”是从古到今，“鉴”是指镜子，含有警戒和教训的意思。

后来人们又把《资治通鉴》简称为“通鉴”。这部书从宋英宗治期间的1065年开始编撰，到神宗时期的1084年成书，共历时19年。

名家点评图解

南宋史学家王应麟评价说："自有书契以来，未有如《通鉴》者。"

王鸣盛认为："此天地间必不可无之书，亦学者必不可不读之书""读十七史，不可不兼读《通鉴》。《通鉴》之取材，多有出正史之外者，又能考诸史之异同而裁正之。昔人所言，事增于前，文省于旧，惟《通鉴》可以当之。"

朱元璋更对《资治通鉴》一书倍加推崇，他每天清晨早起都会研读《资治通鉴》，认为"习闻明知古代帝王之道，身体力行《通鉴》原则"。

清代顾炎武在《日知录·著书之难》中高度评价《资治通鉴》，称赞这部著作为：“以一生精力成之，遂为后世不可无之书”。

清圣祖康熙对《资治通鉴》更是达到了痴迷程度，经常翻阅，认为《资治通鉴》“事关前代得失，甚有裨于治道。”

曾国藩评价此书说“窃以先哲惊世之书，莫善于司马文正公之《资治通鉴》，其论古皆折衷至当，开拓心胸。”

梁启超评价《通鉴》时说：“司马温公《通鉴》，亦天地一大文也。其结构之宏伟，其取材之丰赡，使后世有欲著通史者，势不能不据以为蓝本，而至今卒未有能逾之者焉。温公亦伟人哉！”

资治通鉴
国以民为本，民以食为天。

观古阅今

Guan Gu Yue Jin

资治通鉴

北宋时代，经过了中唐以后长期的混战之后，终于实现了国家的统一，恢复和发展了社会经济，繁荣了学术文化。但是，与此同时，内政多弊，御戎不力，“积贫积弱”，局势非常不稳。

在这个时期，君主将相，志士仁人，平民百姓，都在考虑如何生活，寻找出路。于是，有主张以“柔道”治天下，说祖宗之法不可变的；有立志改革，而实行变法的；有生活困苦，被逼铤而走险，起义造反的。

掌握文化知识的人们，特别是历史学家，如欧阳修、司马光、范祖禹等，往往面对现实而回顾历史，企图总结历史经验教训，借鉴历史，更好地解决现实矛盾，冶国安邦。其中，司马光主编《通鉴》的目的最突出，最具代表性。

司马光从小勤奋好学，博通经史，出仕后也一直坚持读书，尤其留心研讨历代史书。他在馆阁校书以及任天章阁待制兼侍讲官时，看到满架满架的都是史书，几间屋子都放不下，如此浩翰的朝野史籍，一个人穷毕生之精力也是看不过来的。

于是，司马光逐渐产生了一个编写一本既系统又简明扼要的通史，使人读了之后能了解几千年历史的兴衰得失的想法。很快，他的这个想法就得到了他的好友、历史学家刘恕的赞同和支持，于是在嘉祐年间，司马光便在公事之余，开始了《通志》的编写和工作。

1066 年，司马光将他写好的《通志》进献给英宗皇帝。这本《通志》共八卷，记述了从周烈王二十三年（公元前 403 年）到秦二世三年（公元前 207 年）共一百九十五年的历史，主要写秦、楚、齐、燕、韩、赵、魏七国的盛衰兴亡，供皇帝参考。

英宗看后，非常满意，于是下令在崇文院内设置书局，将颖邸旧书 2400 卷，赏赐给司马光参考，并供给笔墨、缯帛、费用、餐点、果物等服务，要他继续写下去，并准许他借阅皇家龙图阁、天章阁、昭文馆、史馆、集贤院、秘阁的藏书。

司马光深受感动，很快便在右掖门处的秘阁内设立了书局，并请来了当时著名的历史学家刘攽、刘恕、范祖禹等人，共同讨论了书的宗旨和提纲等，并分工由刘攽撰写两汉部分，刘恕撰写魏晋南北朝部分，范祖禹撰写隋唐五代部分，最后由司马光总其成，由司马光之子司马康担任文字的校对工作。

第二年，英宗病逝，神宗即位，开经筵，在迩英阁进读《通志》，他认为《通志》比其他的史书更便于阅读，也易于借鉴，于是就召见司马光，对他大加赞赏，并赐书名为“资治通鉴”，说它“鉴于往事，有资于治道”，还要亲自为《资治通鉴》作序。这就更加促进了这部史书的编修工作。到1084年，《资治通鉴》最后脱稿修成，前后历经十九年。

这部《资治通鉴》成为了中国历史上第一部编年体通史，全书计二百九十四卷，另附目录三十卷，《考异》三十卷。这部书，取材甚广，网罗极富，除依据正史处，还采用了野史杂志三百二十余种，而且对史料的取舍极严，考辨异同，尽力求真，所以记述内容比较翔实可信，为历代史学家所推崇。《通鉴》文字以荀悦的《汉纪》为宗，力求简明扼要，文笔生动流畅，朴质精炼，富有文学意味。不仅可以作为历史著作阅读，有些篇章也可当作文学作品欣赏。

在编修《资治通鉴》的十九年中，司马光付出了巨大的劳动，特别是在洛阳的十五年里，他几乎付出了全部的精力和心血。他在《进资治通鉴表》中说：“臣今筋骨癯瘁，目视昏近，齿牙无几，神识衰耗，目前所谓旋踵而忘。臣之精力，尽于此书。”

司马光为编书，常常废寝忘食，有时家里实在等不上他回来吃饭，便将饭送至书局，还要几次催他才吃。他每天修改的稿子有一丈多长，而且上边没有一个草字。他的房子低矮窄小，夏天闷热难堪，洒下的汗珠把书稿都浸湿了。后来，他请匠人在书房里挖了一个大深坑，砌上砖，修成一间“地下室”，他就在这个冬暖夏凉的地方，专心致志地埋头编书。

他对史料考核极其认真，追根寻源，反复推敲，不断修改。《通鉴》编成后，洛阳存放的未用残稿就堆满了两间屋子！

《资治通鉴》自成书以来，历代帝王将相、文人骚客、各界要人争读不止。点评批注《资治通鉴》的帝王、贤臣、鸿儒及现代的政治家、思想家、学者不胜枚举、数不胜数。作为历代君王的教科书，对古代史书的称誉，除《史记》外，几乎都不可以和《资治通鉴》媲美。

1086年，黄庭坚、张舜民等奉命校定《通鉴》初稿完毕，送至杭州雕版，元祐七年刊印行世。但元祐本已不可见。

1133年，出现了余姚官刻本，是由两浙东路茶盐司令余姚县刊刻的，此后还出现了南宋的建、鄂、蜀等多种版本。

明代正德嘉靖年间兴文署原版归入南雍，历朝多次修补，称为明刊本。之后不久，出现了元刻明修补本，也就是明天启年间进行刻本，陈仁锡进行了评阅，同时还附刻有刘恕的《外纪》、胡三省的《辨误》、薛应旂的《宋元通鉴》与《甲子会要》，陈仁锡为之作了序。陈仁锡评阅本是由明天启六年刊刻的白口本，附薛应旂《宋元通鉴》，有墨印眉批朱笔圈点。

到了清代，出现了胡克家本、湖北崇文书局本、上海蜚英馆石印本等。

中华书局的《资治通鉴》，附有司马光《通鉴考异》和元朝胡三省的注释，是1956年在毛泽东主席、周恩来总理的亲自指示下，由顾颉刚、齐思和、聂崇岐、容肇祖等著名历史学者点校而成。多年来不断重印，为学术界最权威最通行的整理定本。

辅导讲坛

Fu Dao Jiang Tan

资治通鉴

本书的阅读，以多视角，多元化，多维度为启动引擎，在阅读时从两个主体部分着眼，就会得到相得益彰的效果。

一、版块辅导

全书共分为六大版块：阅读图解、观史阅今、辅导讲坛、原典新释、古韵体验以及延伸阅读。

图形也是一种语言，但它比文字简练、直观、立体，同时也蕴含着丰富的信息。本书的阅读图解部分就是最好的证明，这部分内容是对整本书的结构概括、作者生平以及本书的历史影响及文学地位的直观展示。

接下来是观史阅今，读者可以从这部分概括性的语言中对本书的意义、传承、影响等方面有一个总体的了解。这样，在阅读原著的时候就能更轻松地领悟作者的思想精髓。

原典新释是本书的重中之重，它主要由原文、注释、译文和经典语录等知识版块组成。梳理原文，并对生僻难解的字词进行注释，同时还配有相应的译文，这些都有利于读者理解国学经典内容。此外，在每一篇文章后面都加了一个紧扣本篇内容的铭记链接知识。这样不仅能加深读者的记忆，而且还开阔了读者的视野，达到了全民阅读“品味经典，弘扬传统文化”的目的。

古韵体验，这也是当我们读完这本经典著作之后的收获和感想。我们都能领悟到作品哪些思想精髓，应该怎么做才能真正地弘扬中华传统文化，实现中华民族的伟大复兴呢？

二、原著辅导

《资治通鉴》是中国第一部编年体通史，在中国官修史书中占有极重要的地位。在这部书里，编者总结出许多经验教训，供统治者借鉴，书名的意思是：“鉴于往事，有资于治道”，即以历史的得失作为鉴诫来加强统治，所以才叫“资治通鉴”。

《资治通鉴》全书294卷，约300多万字，全书按朝代分为十六纪，即《周纪》五卷、《秦纪》三卷、《汉纪》六十卷、《魏纪》十卷、《晋纪》四十卷、《宋纪》十六卷、《齐纪》十卷、《梁纪》二十二卷、《陈纪》十卷、《隋纪》八卷、《唐纪》八十一卷、《后梁纪》六卷、《后唐纪》

八卷、《后晋纪》六卷、《后汉纪》四卷、《后周纪》五卷。

《资治通鉴》的内容以政治、军事和民族关系为主，兼及经济、文化和历史人物评价，目的是通过对事关国家盛衰、民族兴亡的统治阶级政策的描述警示后人。在对原著进行阅读之前，我们必须对这本书有一定的了解：

一、编写体裁。

《资治通鉴》是中国的第一部官修编年体通史，是“正史”的代表作。该书以时间为“纲”，以事件为“目”，纲举则目张，时索则事叙。值得注意的是，本书使用了一套“古怪”的计时术语作为全书的时间框架体系，如“阏逢摄提格之岁”之类。“阏逢”相当于汉语“甲”，“摄提格”相当于汉语“寅”。《史记》的《历书》里面也用到了多音节干支术语。

其实，我国古文献明文记载这是天皇语言，即三皇时代的官方语言。明代著名学者万民英所著《三命通会》记载说：“天皇氏一姓十三人，继盘古氏以治，是曰‘天灵’，淡泊无为而俗自化，始制干支之名，以定岁之所在。”所以，司马光所采用的这套多音节干支术语是中国最早的官方时间术语，属于“皇纲”性质，故而被采用为历史的纪年词语，以表示历史的正统。

二、涵盖年代。

《资治通鉴》全书共294卷，约300多万字，书中记载的历史由公元前403年，也就是周威烈王二十三年写起，一直到959年，五代的后周世宗显德六年征淮南为止。是司马光以为君亲政，贤明之道为出发点所编写成的一部巨著，所谓“删削冗长，举撮机要，专取国家盛衰，系生民休戚，善可为法，恶可为戒者，为编年一书，使先后有伦，精粗不杂。”。

在横跨中国16个朝代，一共1362年的历史中，详近略远，隋唐五代371年，占全书40%，史料价值最高。此外，很明显的，他多次着墨在历史上贤明政治时期，如文景之治，贞观之治等

三、释例。

《资治通鉴》中有很多当时特定名词的释义，如帝后死称“崩”，王公死称“薨”。天子近出称“还宫”，远出称“还京”，列国诸侯远

出称“还某郡”等。《资治通鉴》还具有强烈的正统立场，在分裂时代，如三国，魏有《纪》，蜀、吴无《纪》；南北朝时代，南朝有《纪》，北朝无《纪》；五代有《纪》，而十国无《纪》。

四、史事评论。

《资治通鉴》在叙事之后，都有附论，共186篇。其中“臣光曰”有102篇，其余84篇是各家评论，其中裴子野的论占了10篇，司马迁的论只有1篇。

五、精心编排。

《资治通鉴》是由司马光总其大成，协修者有刘恕、刘攽、范祖禹3人。刘恕博闻强记，自《史记》以下诸史，旁及私记杂说，无所不览，对《通鉴》的讨论编次，用力最多。刘攽于汉史、范祖禹于唐史，都有专深的研究。他们分工合作，各自作出了重要贡献。最后，由司马光修改润色，写成定稿。其中是非予夺，一出于光。

《通鉴》征引史料极为丰富，除十七史外，所引杂史诸书达数百种。书中叙事，往往一事用数种材料写成。遇年月、事迹有歧异处，均加考订，并注明斟酌取舍的原因，以为《考异》。《通鉴》具有相当高的史料价值，尤以《隋纪》《唐纪》《五代纪》史料价值最高。

《通鉴》因司马光一人精心定稿，统一修辞，故文字优美，叙事生动，且有相当高的文学价值，历来与《史记》并列为中国古代之史家绝笔。书中，司马光还对历史上有关的图谶、占卜等宗教迷信采取了批判的态度，是史学思想的重要进步。

原典新释

Yuan Dian Xin Shi

资治通鉴

周　纪

吴起为将

原文

【周纪一】威烈王二十三年（戊寅，前403年）

吴起者，卫人，仕于鲁。齐人伐鲁，鲁人欲以为将，起取①齐女为妻，鲁人疑之，起杀妻以求将，大破齐师。或谮②之鲁侯曰："起始事曾参，母死不奔丧，曾参绝之；今又杀妻以求为君将。起，残忍薄行人也！且以鲁国区区而有胜敌之名，则诸侯图鲁矣。"起恐得罪，闻魏文侯贤，乃往归之。文侯问诸李克③，李克曰："起贪而好色；然用兵，司马穰苴④弗能过也。"于是文侯以为将，击秦，拔五城。

起之为将，与士卒最下者同衣食，卧不设席，行不骑乘，亲裹赢粮⑤，与士卒分劳苦。卒有病疽者，起为吮之。卒母闻而哭之。人曰："子，卒也，而将军自吮其疽，何哭为？"母曰："非然也。往年吴公吮其父疽，其父战不旋踵⑥，遂死于敌。吴公今又吮其子，妾不知其死所矣，是以哭之。"

注释

①取：通"娶"。

②谮：说坏话诬陷别人。

③李克：即李悝，魏国人，是孔子弟子子夏的弟子，做了魏文侯的卿相。他是古代著名法律家，亲手制定魏国的新法典——《法经》。

④司马穰苴：齐国名将。司马，官名；穰苴本姓田，做了齐国的司马，故名。

⑤亲裹赢粮：裹，包裹；赢，担负。意为吴起亲自包裹、担负士卒们背负的粮食。

⑥旋踵：旋，回转；踵，脚后跟。意为回转身，退缩。

译文

吴起是卫国人，在鲁国做官。齐国人攻打鲁国，鲁国人将要让吴起做将军，因为吴起娶齐国的一个女子为妻，鲁国人就怀疑他。吴起就杀掉妻子，来谋求做鲁国的将军，并率军大败齐国军队。有人就在鲁侯面前诬陷吴起说："吴起开始时侍奉曾参，母亲去世他不奔丧，曾参与他断绝交往；现在他又杀掉妻子来谋求做您的将军。吴起是一个残酷薄情寡德的人。况且，凭借我们小小的鲁国就能有战胜齐国的名声，诸侯国恐怕都要来算计鲁国了。"吴起害怕鲁侯治他的罪，听说魏文侯是个贤明的国君，于是就前往依附他。魏文侯向李克打听吴起，李克说："吴起为人贪婪且好色，但是他的用兵之道，连齐将司马穰苴也比不过他。"于是魏文侯就任命吴起为将军，攻打秦国，攻占了秦国的五座城池。

吴起做将军，与最下等的士兵穿一样的衣服，吃一样的伙食，睡觉不铺垫褥，行军不骑马乘车，亲自背负着捆扎好的粮食，与士兵同甘共苦。有个士兵生了毒疮，吴起给他吮吸脓液。这个士兵的母亲闻听后，就放声而哭。有人说："你的儿子只是个士兵，将军却亲自给他吮吸毒疮，你还哭什么呢？"那位母亲说："不是这样的。往年吴将军给他父亲吮吸毒疮，他的父亲作战时毫不退缩，就死在了敌人手里。现在吴将军又给我的儿子吮吸毒疮，我不知道他将死在哪里呀，因此，我才哭他啊。"

吴起修德

原文

【周纪一】安王十五年（甲午，前387年）

武侯浮西河①而下，中流顾谓吴起曰：“美哉山河之固，此魏国之宝也！”对曰：“在德不在险。昔三苗氏②，左洞庭，右彭蠡；德义不修，禹灭之。夏桀之居，左河济，右泰华，伊阙在其南，羊肠在其北；修政不仁，汤放之。商纣之国，左孟门，右太行，常山在其北，大河经其南；修政不德，武王杀之。由此观之，在德不在险。若君不修德，舟中之人皆敌国也！”武侯曰：“善。”

魏置相，相田文。吴起不悦，谓田文曰：“请与子论功，可乎？”田文曰：“可。”起曰：“将三军，使士卒乐死，敌国不敢谋，子孰与③起？”文曰：“不如子。”起曰：“治百官，亲万民，实府库④，子孰与起？”文曰：“不如子。”起曰：“守西河，秦兵不敢东乡⑤，韩、赵宾从⑥，子孰与起？”文曰：“不如子。”起曰：“此三者子皆出吾下，而位居吾上，何也？”文曰：“主少国疑，大臣未附，百姓不信，方是之时，属⑦之子乎，属之我乎？”起默然良久曰：“属之子矣！”

久之，魏相公叔尚⑧魏公主而害吴起。公叔之仆曰：“起易去也。起为人刚劲自喜，子先言于君曰：‘吴起，贤人也，而君之国小，臣恐起之无留心也。君盍⑨试延以女，起无留心，则必辞矣。’子因与起归而使公主辱子，起见公主之贱子也，必辞，则子之计中矣。”公叔从之，吴起果辞公主。魏武侯疑之而未信，起惧诛，遂奔楚。

楚悼王素闻其贤，至则任之为相。起明法审令，捐不急之官⑩，废公族疏远者，以抚养战斗之士，要在强兵，破游说之言从横⑪者。于是南平百越，北却三晋，西伐秦，诸侯皆患楚之强；而楚之贵戚大臣多怨吴起者。

注释

①武侯浮西河：武侯即魏文侯之子；浮，行船；西河，依胡三省说，即《禹贡》上说的“龙门西河”，应指今天陕西、山西之间那段黄河。

②三苗氏：古族名，亦称“有苗”。

③孰与：与……比，谁更怎么样。

④实府库：使府库充实。

⑤乡：通“向”，“东乡”即向东。

⑥宾从：像宾客一样从属于。

⑦属：通“嘱”，托付。

⑧尚：仰攀婚姻。

⑨盍：何不。

⑩捐不急之官：除去无关紧要的官。

⑪从横：即“纵横”，“合纵连横”的简称。

译文

魏武侯浮舟黄河顺流而下，船到中流，魏武侯回头来对吴起说：“多么美丽啊，山川是如此的坚固，这是魏国最为珍贵的东西啊！”吴起回答说：“国家的稳固、山川的壮美在于施德于民，而不在于地势的险要。以前三苗氏东临洞庭湖，西濒彭蠡泽，因为不修德行仁义，所以夏禹灭掉它。夏桀的国土，东临黄河、济水，西靠泰山、华山，伊阙山在它的南边，羊肠坂在它的北面，因为他不行仁政，所以商汤放逐了他。殷纣的国土，东边有孟门山，西边有太行山，常山在它的北边，黄河流经它的南面，因为他不施仁德，武王把他杀了。由此看来，政权稳固在于对百姓施行仁德，不在于地势的险要。如果您不修德政，就是同一条船上的人也会变成您的敌人啊！”魏武侯说：“讲得好。”

魏国设置了相位，以田文为相。吴起不高兴，对田文说：“请让我与您比一比功劳，可以吗？”田文说：“可以。”吴起说：“统率三军，让士兵愿意为国去拼死，敌国不敢图谋魏国，您与我比，谁更好？”田文说：“我不如您。”吴起说：“管理文武百官，使百姓亲附，使府库的储备充实，您与我比，谁做得更好?”田文说：“我不如您。”吴起说：“把守西河而秦国的军队不敢向东侵犯，韩国、赵国像宾客一样服从，您和我比，怎么样呢?”田文说：“我不如您。”吴起说：“这三个方面您都不如我，您的职位却在我之上，为什么呢?”田文说：“国君年轻，国家前途未卜，大臣没有归附，百姓不信任，正处在这个时候，是把政事托付给您呢，还是应当托付给我?”吴起沉默了许久，说：“应该托付给您啊。”

过了很久，魏国的相公叔娶了魏武侯的女儿，却妒忌吴起。公叔的仆人就说：“吴起会很容易离开的。吴起为人有骨气而又自负。您可先对武侯说：‘吴起是个贤能的人，而您的国土太小了，我担心吴起没有留在魏国的想法。您为什么不用把公主嫁给他的办法试探他？假如吴起没有留下来的想法，就一定会推辞。’您找个机会请吴起一道回家，让公主发怒而侮辱您，吴起见公主这样鄙视您，就一定不会娶公主了。那么您的目的就达到了。”公叔听从了仆人的建议，吴起果然推辞娶公主。魏武侯怀疑吴起就不再信任他。吴起害怕被杀，于是逃到楚国去了。

楚悼王平常听说吴起很有才能，吴起刚到楚国就任命他为相。他严明法纪，审察政令，裁撤无关紧要的官员，废止被疏远公族的按例供给，来安抚供养战士，目的在于加强军事力量，揭穿往来奔走的说客的游说之词。于是向南平定了百越；向北打退了韩、赵、魏三国的进攻；向西讨伐秦国。各诸侯国都对楚国的强大感到忧虑。而楚国的贵戚、权臣显要中却有很多人怨恨吴起。

卫鞅变法

原文

【周纪二】显王十年（壬戌，前359年）

卫鞅[①]欲变法，秦人不悦。卫鞅言于秦孝公曰："夫民不可与虑[②]始，而可与乐成。论至德者不和于俗，成大功者不谋于众。是以圣人苟可以强国，不法其故。"甘龙[③]曰："不然。缘法而治者，吏习而民安之。"卫鞅曰："常人安于故俗，学者溺于所闻，以此两者，居官守法可也，非所与论于法之外也。智者作法，愚者制焉；贤者更礼，不肖者拘焉。"公曰："善。"以卫鞅为左庶长。卒定变法之令。令民为什伍[④]而相收司、连坐[⑤]，告奸者与斩敌首同赏，不告奸者与降敌同罚。有军功者，各以率受上爵；为私斗者，各以轻重被刑大小。僇力本业[⑥]，耕织致粟帛多者，复其身；事末利[⑦]及怠而贫者，举以为收孥[⑧]。宗室非有军功论，不得为属籍[⑨]。明尊卑爵秩等级，各以差次名田宅、臣妾、衣服。有功者显荣，无功者虽富无所芬华。

令既具未布，恐民之不信，乃立三丈之木于国都市南门，募民有能徙置北门者予十金。民怪之，莫敢徙。复曰："能徙者予五十金！"有一人徙之，辄予五十金。乃下令。

令行期年，秦民之国都言新令之不便者以千数。于是太子犯法。卫鞅曰："法之不行，自上犯之。太子，君嗣也，不可施刑。刑其傅公子虔，黥[⑩]其师公孙贾。"明日，秦人皆趋令。行之十年，秦国道不拾遗，山无盗贼，民勇于公战，怯于私斗，乡邑大治。秦民初言令不便者，有来言令便。卫鞅曰："此皆乱法之民也！"尽迁之于边。其后民莫敢议令。

臣光曰：夫信者，人君之大宝也。国保于民，民保于信；非信无以使民，非民无以守国。是故古之王者不欺四海，霸者不欺四邻，善为国者不欺其民，善为家者不欺其亲。不善者反之，欺其邻国，欺其百姓，甚者欺其兄弟，欺其父子。上不信下，下不信上，上下离心，以至于败。所利不能药其所伤，所获不能补其所亡，岂不哀哉！昔齐桓公不背曹沫之盟，晋文公不贪伐原之利，魏文侯不弃虞人之期⑪，秦孝公不废徙木之赏。此四君者道非粹白⑫，而商君尤称刻薄，又处战攻之世，天下趋于诈力，犹且不敢忘信以畜其民，况为四海治平之政者哉！

注释

①卫鞅：战国时期政治家、思想家，法家著名代表人物。因卫鞅本为卫国国君的后裔，公孙氏，故又称公孙鞅。后秦国封其于商，后人称之商鞅。因秦孝公求贤令而入秦，说服秦孝公变法图强。在位执政十九年，秦国大治，史称商鞅变法。

②虑：思考、谋划。

③甘龙：秦孝公的大臣，秦国旧世族中最有权谋的人物，商鞅变法的主要反对者。

④什伍：古代户籍和军队的编制，户籍以五家为伍，十家为什；军队以五人为伍，二伍为什。

⑤收司、连坐：收司，纠发监察；连坐，牵连入罪。

⑥僇力：即戮力。本业，主要指农业，与后文的“末利”相对。

⑦末利：指工商业。

⑧孥：妻子和儿女。

⑨属籍：宗属之籍。

⑩黥：亦称墨刑，用刀刺刻额颊等处，再涂上墨，是一种酷刑。

⑪齐桓公不背曹沫之盟：事见《史记·刺客列传》，曹沫是鲁国将军，与齐国作战，打了三次败仗，后来齐桓公与鲁国在柯地会盟，曹沫突然手持匕首劫持了齐桓公，齐桓公无奈之下答应归还侵占的鲁国土地。晋文公不贪伐原之利：出自《左传·僖公二十三年》。晋公子重耳蒙难流亡他乡，诸侯都不接纳他，只有楚国热情招待他，重耳许诺自己如果做了国君，假若在战场上相遇，便以退避三舍作为回报，后来，成了晋文公的重耳果然与楚国在战场上相遇，晋文公实践了自己的诺言，退避三舍以报楚恩。魏文侯不弃虞人之期：事见《资治通鉴》周威烈王二十三年（前403），魏

文侯与群臣饮酒，兴致盎然，而此时下起了雨，魏文侯想起他与虞人相约当日要打猎，于是，他便“命驾将适野”。

⑫粹白：纯粹。

译文

卫鞅想实行变法，秦国的贵族都不高兴。卫鞅对秦孝公说：“老百姓，不能与他们商量开创的计划，却可以与他们分享成功的快乐。谈论崇高道德的人，与普通人无共同语言，建功立业的人也不与普通人商议。所以圣人如果能够强国，就不必效法旧的传统。”甘龙反驳说：“不是这样。按照现有的制度来治理，才能使官员熟悉制度，让百姓安居乐业。”卫鞅说：“普通人只知道习惯于旧有的习俗，学者往往只沉湎于自己的所知，让这两种人做官守法可以，但不能和他们商讨在旧制度之外创业的事。有智慧的人制定法规，蠢笨的人只会受制于人；贤德的人因时而变动礼法，品行不好的人只会拘泥于现成的礼法。”秦孝公说：“说得好！”便任命卫鞅担任左庶长，最终确定变法的法令。法令规定，老百姓以五家为伍，十家为什，互相纠发监察，牵连入罪。告发揭露奸佞罪行的与斩获敌人首级的享受同等的奖赏，不揭露告发坏人坏事的与叛国投敌的同罪。荣立战功的人，一律享受上等爵位的奖赏。因为私利而争斗的人，各因情节的轻重而处以不同的刑罚。专心从事农业生产，耕田织布而收获粮食多、织的布匹多的人，就免除他的徭役。从事工商业的以及因懒惰而贫困的人，把他们的妻子儿女都收为奴隶。宗室没有军功的不再列入宗室的属籍。明确地位尊卑、爵位高低、俸禄多少的等级，并因为各自等级的不同而分配田宅、臣妾和衣服。立有大功的人荣宗显祖，没有功劳的人即使很富有也不能铺张。

法令已制定完备但尚未公布，卫鞅担心民众不相信，于是在国都的市场南门立下一根三丈长的木杆，招求民众有能把它移置北门的，就赏给这个人十金。民众感到奇怪，无人敢去搬。卫鞅又说：“能移到北门去的赏五十金！”有一个人把木杆搬到了北门，卫鞅就给予他五十金。卫鞅于是颁布变法法令。

变法法令颁行一年后，秦国民众前往都城谈论新法让他们不便的数以千计。在这时候太子也触犯了法令。卫鞅说："新法不能推行，是从上层的人开始违犯的。太子是国君的继承者，不可以施以刑罚。将太子的老师公子虔处以刑罚，将太子的另一个老师公孙贾处以黥刑。"第二天，秦国民众听说后都遵从了法令。新法施行十年，秦国路不拾遗，山上没有了盗贼，民众勇于为国而战，畏惧进行私斗，乡下城镇都非常安定。秦国民众当初说新法不便的，有些又来说新法便利。卫鞅说："这些都是扰乱法令的人！"把他们全部放逐到边疆。此后民众无人敢议论法令的是非。

臣司马光说：信誉是君主至高无上的法宝。国家靠民众来保卫，民众靠信誉来保护；无信誉无法役使百姓，没有民众便无法守卫国家。所以古代称王天下者不欺骗天下人，建立霸业者不欺侮四方邻国，善于治国者不欺骗他的民众，善于治家者不欺诈他的亲人。只有不善于治国、治家的人才反其道而行之，欺侮他的邻国，欺骗他的百姓，甚至欺诈他的兄弟，欺凌他的父子。上不信下，下不信上，上下离心，以至于败亡。靠欺骗所占的便宜救不了致命之伤，所得到的不能弥补其所失去的，难道不痛心吗！当年齐桓公不违背与曹沫所订立的盟约，晋文公不贪图攻打原地的好处，魏文侯不背弃与虞人的约会，秦孝公不中止对移动木杆之人的重赏。这四位君主的治国之道不是纯粹完美，而商鞅尤其称得上刻薄了，又处于争战攻伐的乱世，天下尔虞我诈、角于勇力，尚且不敢忘记树立信誉以收服民心，又何况是今日政治修明、社会安定时期的当政者呢！

威王四宝

原文

【周纪二】显王十四年（丙寅，前355年）

齐威王、魏惠王会田①于郊。惠王曰："齐亦有宝乎？"威王曰："无有。"惠王曰："寡人国虽小，尚有径寸之珠，照车前后各十二乘②者十枚。岂以齐大国而无宝乎？"威王曰："寡人之所以为宝者与王异。吾臣有檀子者，使守南城，则楚人不敢为寇，泗上十二诸侯皆来朝。吾臣有朌子者，使守高唐，则赵人不敢东渔于河。吾吏有黔夫者，使守徐州，则燕人祭北门，赵人祭西门，徙而从者七千余家。吾臣有种首者，使备盗贼，则道不拾遗。此四臣者，将照千里，岂特③十二乘哉！"惠王有惭色。

注释

①会田：会，一起，共同。田，通"畋"，打猎。

②乘：读 shèng，一车四马为一乘。

③特：只。

译文

齐威王、魏惠王共同到郊外打猎。魏惠王说："齐国也有宝贝吗？"齐威王说："没有。"魏惠王说："我的国家虽然小，尚且有十枚直径一寸大小，光亮可以照彻前后各十二辆战车的宝珠。难道堂堂的齐国竟然会没有宝物吗？"齐威王说："我所认定的宝物与大王是不一样的。我有一个大臣叫檀子，派他镇守南城，那么楚国人就不敢来侵犯，泗水边上的十二个诸侯都来朝拜。我有一个臣子叫朌子，使他把守高唐，那么赵国人就不敢向东在河里捕鱼。我有一个官吏叫黔夫，让他驻守徐州，那么燕国人就会到徐州的北门祭祀，赵国人到西门祭祀，跟随他迁徙而来的百姓有七千多家。我的大臣中有一个叫种首的，让他来防备盗贼，就会出现道不拾遗的现象。这四个大臣，将照亮千里远的地方，哪里只是照亮前后各十二辆战车呢！”魏惠王听后脸上露出了羞愧的神色。

孙膑围魏救赵

原文

【周纪二】显王十六年（戊辰，前353年）

齐威王使田忌救赵。初，孙膑与庞涓俱学兵法，庞涓仕魏为将军，自以能不及孙膑，乃召之；至，则以法断其两足而黥之，欲使终身废弃。齐使者至魏，孙膑以刑徒阴见，说齐使者；齐使者窃载与之齐。田忌善而客待之，进于威王。威王问兵法，遂以为师。于是威王谋救赵，以孙膑为将；辞以刑余之人不可，乃以田忌为将而孙子为师，居辎车中，坐为计谋。

田忌欲引兵之赵。孙子曰："夫解杂乱纷纠者不控拳①，救斗者不搏撠②，批亢捣虚③，形格势禁④，则自为解耳。今梁⑤、赵相攻，轻兵锐卒必竭于外，老弱疲于内；子不若引兵疾走魏都，据其街路，冲其方虚，彼必释赵以自救：是我一举解赵之围而收弊于魏也。"田忌从之。十月，邯郸降⑥魏。魏师还，与齐战于桂陵，魏师大败。

注释

①控拳：握拳。

②搏撠：击刺，以撠刺人。撠，读jǐ。

③批亢捣虚：打击敌人的要害和虚弱之处。

④形格势禁：意谓抓住斗者的要害，殴斗者会因形势的限制而自然分开。后谓事情为形势所阻，无法进行。

⑤梁：即魏国，因为魏的都城在大梁，故名。

⑥降：投降。

译文

齐威王派遣田忌率军去救援赵国。起初，孙膑与庞涓一起学习兵法，庞涓在魏国做将军，自认为才能赶不上孙膑，就召请孙膑；孙膑来后，庞涓用计依法砍断孙膑的双脚，并施以黥刑，想让他终身成为废人被厌弃。齐国使者出使魏国，孙膑以刑徒的身份与他暗中相见，劝说齐国使者。齐国使者暗地里把孙膑藏在车里带到了齐国。齐将田忌很友好地以贵客招待他，又举荐给齐威王。齐威王向孙膑询问兵法，就以他为老师。在这时齐威王谋划援救赵国，任命孙膑为将；孙膑以自己是个受刑伤残之人为由坚决辞谢，齐威王就以田忌为将军，孙膑为军师，让他坐在辎车里，出谋划策。

田忌打算率军前往赵国。孙膑说："想解开乱丝的人，不能紧握双拳生拉硬扯；解救斗殴的人，不能卷进去胡乱搏击，要扼住争斗者的要害乘虚而入，争斗者因形势限制，就不得不自行解开。现在魏、赵两国正激战，精兵锐卒倾巢出动，国内只剩老弱疲于应付；您不如率军急袭魏都，占据交通要冲，冲击其空虚的后方，魏军一定会放弃围攻赵国回兵救援。这样我们一举既解了赵国之围，又给魏国以打击。"田忌听从了孙膑的建议。十月，邯郸城降服于魏国。魏国军队回师救援，与齐国军队在桂陵发生激战，结果魏军大败。

昭奚恤为相

原文

【周纪二】显王十六年（戊辰，前353年）

楚昭奚恤[1]为相。江乙[2]言于楚王曰："人有爱其狗者，狗尝溺井[3]，其邻人见，欲入言之，狗当门而噬之。今昭奚恤常恶臣之见，亦犹是也。且人有好扬人之善者，王曰'此君子也'，近之；好扬人之恶者，王曰'此小人也'，远之。然则且有子弑其父、臣弑其主者，而王终已不知也。何者？以王好闻人之美而恶闻人之恶也。"王曰："善，寡人愿两闻之。"

注释

①昭奚恤：战国时楚国令尹。

②江乙：亦作"江一"、"江尹"，魏国人，有智谋，初为魏使楚，后仕于楚。

③溺井：尿到井里。溺，读niào，小便。

译文

楚国任用昭奚恤为相。江乙对楚王说："有个喜欢自己狗的人，狗曾向井里撒尿，他的邻居看见了，想到他家里告诉他，狗把他堵在门口，还咬他。现在昭奚恤常常讨厌我来见您，也如同恶狗堵门一样。况且一有喜好说别人好话的人，您就说'这是君子啊'，便亲近他；而对喜好指出别人缺点的人，您就说'这是个小人'，便疏远他。既然这样，那么人世间有儿子杀父亲、臣下杀君主的人，您却始终不知道。为什么呢？因为您只喜欢听对别人的赞美，而不喜欢听别人的缺点呀！"楚王说："你说得好！我愿意听取两方面的言论。"

申不害为相

原文

【周纪二】显王十八年（庚午，前351年）

韩昭侯以申不害为相。申不害者，郑之贱臣也，学黄、老、刑名①，以干②昭侯。昭侯用为相，内修政教，外应诸侯，十五年，终申子之身，国治兵强。

申子尝请仕其从兄，昭侯不许，申子有怨色。昭侯曰："所为学于子者，欲以治国也。今将听子之谒③而废子之术乎，已其行子之术而废子之请乎？子尝教寡人修功劳，视次第④；今有所私求，我将奚⑤听乎？"申子乃辟舍请罪曰："君真其人也！"

注释

①黄、老、刑名：黄老指的是黄帝、老子的书，刑名指的是法家的书；合起来泛指诸子百家。

②干：求取。

③谒：请求。

④视次第：看（功劳的）高低。

⑤奚：什么。

译文

韩昭侯任用申不害为相。申不害是郑国地位低下的小臣，学习黄帝、老子、刑名学说，以此向韩昭侯求取功名。韩昭侯便用他为相，对内整顿政治教化，对外与各诸侯国交往，这样过了十五年，直到申不害去世，国家太平，兵力强盛。

申不害曾经请求让他的堂兄做官，韩昭侯没有答应，申不害露出怨恨的表情。韩昭侯就对他说："我所做的是向你学习，想治理好国家。现在我将听从你的请求来抛弃你创设的法度呢，还是推行你的法度而抛弃你的请求呢？你曾经教导我要按功劳确定封赏等级；现在你有私下的请求，我该听哪种意见呢？"申不害便离开自己原来住的地方，另居别处，向韩昭侯请罪说："您是真的明君啊！"

孙膑破魏救韩

原文

【周纪二】显王二十八年（庚辰，前341年）

魏庞涓伐韩。韩请救于齐。齐威王召大臣而谋曰：“蚤[1]救孰与晚救？”成侯[2]曰：“不如勿救。”田忌曰：“弗救则韩且折而入于魏，不如蚤救之。”孙膑曰：“夫韩、魏之兵未弊而救之，是吾代韩受魏之兵，顾反听命于韩也。且魏有破国之志，韩见亡，必东面而诉于齐矣。吾因深结韩之亲而晚承魏之弊，则可受重利而得尊名也。”王曰：“善！”乃阴许韩使而遣之。韩因恃齐，五战不胜，而东委国于齐。

齐因起兵，使田忌、田婴、田盼将之，孙子为师，以救韩，直走魏都。庞涓闻之，去韩而归。魏人大发兵，以太子申为将，以御齐师。孙子谓田忌曰：“彼三晋之兵素悍勇而轻齐，齐号为怯。善战者因其势而利导之。《兵法》：‘百里而趣[3]利者蹶[4]上将，五十里而趣利者军半至。’”乃使齐军入魏地为十万灶，明日为五万灶，又明日为二万灶。庞涓行三日，大喜曰：“我固知齐军怯，入吾地三日，士卒亡者过半矣！”乃弃其步军，与其轻锐倍日并行逐之。孙子度其行，暮当至马陵。马陵道狭而旁多阻隘，可伏兵。乃斫大树，白而书之曰：“庞涓死此树下！”于是令齐师善射者万弩夹道而伏，期日暮见火举而俱发。庞涓果夜到斫木下，见白书，以火烛之。读未毕，万弩俱发，魏师大乱相失。庞涓自知智穷兵败，乃自刭，曰：“遂成竖子之名！”齐因乘胜大破魏师，虏太子申。

注释

①蚤：通“早”。

②成侯：指邹忌。邹忌为齐相，封成侯。

③趣：奔赴，趋向。

④蹶：挫败。

译文

魏国的庞涓率军攻打韩国。韩国向齐国求救。齐威王召集大臣商量对策，就问："早救还是晚救啊？"成侯邹忌说："不如不救。"田忌说："如果不去救，那么韩国就会遭受损失，并且会并入魏国，不如早一点去救它。"孙膑说："韩国、魏国的军队还没有困乏、疲敝，就去救韩国，这是我们在替韩国去迎接魏国的进攻，反而听命于韩国了。况且魏国有灭韩国的志向，韩国将被灭，一定会向东去求告齐国。我们趁机可以与韩国结下深厚的友谊并且晚些时候承受魏国进攻的弊端，就可以因此得到大的好处和尊贵的名声。"齐威王说："好！"于是暗地里答应了韩国使节的请求，让韩国的使者回去。韩国因此依靠齐国，五战不胜，就向东依附齐国。

齐国趁机起兵，齐威王派田忌、田婴、田盼做将军，孙膑为军师，来救韩国。田忌等人率军直接奔向魏国都城。庞涓听说后，率领魏军离开韩国回到国内。魏国集结了大批的军队，以太子申为将军，来抵御齐国军队。孙膑对田忌说："那三晋的军队一向彪悍勇猛，轻视我们齐军，齐军名义上总是害怕魏军的，善于带兵打仗的人要因势利导。《兵法》里说：'百里而趣利者蹶上将，五十里而趣利者军半至。'"于是就让齐军在进入魏国的第一天垒灶十万个，第二天垒的灶成了五万个，第三天又减少为两万个。庞涓率领魏军追赶齐军，走了三天，看到齐军灶台在逐日减少，高兴地说："我本来就知道齐军胆怯，入侵我们的地盘三天，队伍已经损失过半了！"庞涓于是放弃他的步兵，与他的精锐轻骑日夜兼程追赶齐军。孙膑估计庞涓的行程，傍晚应该到达马陵。马陵道路狭窄，周围又有许多险隘，可以埋伏军队。于是就将路旁一棵大树的树皮斫掉，在白白的树干上写道："庞涓死此树下！"这时孙膑就让齐军中善于射箭的一万名士兵埋伏在路的两旁，约定傍晚见有火把举起来时就一起射箭。庞涓果然在天黑时赶到了那棵树下，看见白白的树干上写着字，用火把照着看。庞涓还没有读完，齐军万箭齐发，魏军大乱，相互踩踏，庞涓知道自己智穷兵败，于是拔剑自杀，说："成就了这小子的名声！"齐军趁势大破魏军，俘虏了魏军统帅太子申。

商君之死

原文

【周纪二】显王三十一年（癸未，前338年）

秦孝公薨，子惠文王立。公子虔之徒告商君欲反，发吏捕之。商君亡之魏；魏人不受，复内①之秦。商君乃与其徒之商於，发兵北击郑。秦人攻商君，杀之，车裂以徇②，尽灭其家。

初，商君相秦，用法严酷，尝临渭论囚③，渭水尽赤，为相十年，人多怨之。赵良见商君，商君问曰："子观我治秦，孰与五羖大夫④贤？"赵良曰："千人之诺诺，不如一士之谔谔。仆请终日正言而无诛，可乎？"商君曰："诺。"赵良曰："五羖大夫，荆之鄙人⑤也，穆公举之牛口之下，而加之百姓之上，秦国莫敢望焉。相秦六七年而东伐郑，三置晋君，一救荆祸。其为相也，劳不坐乘，暑不张盖。行于国中，不从车乘，不操干戈。五羖大夫死，秦国男女流涕，童子不歌谣，舂者不相杵。今君之见也，因嬖人景监以为主；其从政也，凌轹⑥公族，残伤百姓。公子虔杜门不出已八年矣。君又杀祝欢而黥公孙贾。《诗》曰：'得人者兴，失人者崩。'此数者，非所以得人也。君之出也，后车载甲，多力而骈胁者⑦为骖乘，持矛而操阘戟者⑧旁车而趋。此一物不具，君固不出。《书》曰：'恃德者昌，恃力者亡。'此数者，非恃德也。君之危若朝露，而尚贪商於之富，宠秦国之政，畜百姓之怨。秦王一旦捐宾客⑨而不立朝，秦国之所以收君者岂其微哉！"商君弗从。居五月而难作。

注释

①内：通"纳"，接纳。

②车裂以徇：车裂，古代一种酷刑，俗称"五马分尸"，即将人头和四肢分别拴在五辆车上，以五马驾车，同时分驰，撕裂肢体；徇，通

“殉”。

③论囚：定罪并处决罪犯。

④五羖大夫：即百里奚。

⑤荆之鄙人：依胡三省注，据《史记》记载，晋灭虞，执百里奚，为秦穆公夫人的媵（即仆人）。百里奚亡秦走宛，楚鄙人执之，穆公以五羖羊皮赎之，以为上大夫。

⑥凌轹：亦作“陵轹”、“轸轹”，倾轧，欺压。

⑦骈胁者：肌肉健壮不显肋骨的人。

⑧操闟戟者：手持矛戟的人。

⑨捐宾客：舍弃宾客，“死”的委婉说法。

译文

秦孝公死了，他的儿子秦惠文王即位。公子虔的徒众告发商鞅要造反，秦惠文王就派人前去捉拿商鞅。商鞅逃到了魏国。魏国人不接受他，商鞅又逃回到秦国。商鞅就和他的徒众到商於去，兴兵向北进攻郑。秦国军队进攻商君，将他杀死，车裂分尸，并把他全家杀光了。

起初，商鞅在秦国做相时，用法极为严酷，他曾亲临渭河边处决犯人，渭河水全都变红了。他任相十年，人们大多怨恨他。赵良拜见商鞅，商鞅问他：“你看我治理秦国，与当年的五羖大夫百里奚相比谁更有德行？”赵良说：“一千个人唯唯诺诺，不如一个读书人敢于直言。我请求允许我整天都说出心里的话，而您不怪罪我，可以吗？”商鞅说：“好吧！”赵良就说：“五羖大夫，楚国的乡野之人，秦穆公把他提拔到民众之上的职位上，秦国的民众无人敢比量他。他在秦国做相六七年，向东讨伐郑国，三次为晋国设立国君，一次拯救楚国的危难。他做相，劳累了不坐车，炎热的夏季不打起伞盖。他在国中巡视，不带车马随从，不舞刀弄剑。五羖大夫死的时候，秦国的男女都痛哭流涕，儿童不唱歌谣，舂米的人停下了舂杵。现在再来看您，您因为结交主上宠幸的心腹景监而进身仕途；待到掌权执政，就凌辱公族大家，残害百姓。弄得太子的老师公子虔闭门不出已有八年之久。您又杀死祝欢，并且给太子的老师公孙贾施以黥刑。《诗经》中说：‘得人心者兴旺，失人心者灭亡。’这几件事，不是用来得人心的。您出行时，身后尾随车辆载着甲士，有许多孔武有力的侍卫作为骖乘，持矛挥戟的武士在车旁疾行。这些东西一样不具备，您就坚决不出行。《尚书》中说：‘依赖德行者昌盛，凭借武力者灭亡。’这几件事，不是凭借德行。您的危险正像早晨的露水，却还贪恋商於的富庶收入，骄纵于秦国的政治，积蓄下百姓的怨恨。秦孝公一旦死去，不再延续王位，秦国用来逮捕您的罪名难道还会少吗？”商君没有听从劝告。过了五个月灾难就发生了。

苏秦合纵六国

原文

【周纪二】显王三十六年（戊子，前333年）

初，洛阳人苏秦说秦王以兼天下之术，秦王不用其言。苏秦乃去，说燕文公曰："燕之所以不犯寇被甲兵①者，以赵之为蔽其南也。且秦之攻燕也，战于千里之外；赵之攻燕也，战于百里之内。夫不忧百里之患而重千里之外，计无过于此者。愿大王与赵从亲②，天下为一，则燕国必无患矣。"

文公从之，资苏秦车马，以说赵肃侯曰："当今之时，山东之建国莫强于赵，秦之所害亦莫如赵。然而秦不敢举兵伐赵者，畏韩、魏之议其后也。秦之攻韩、魏也，无有名山大川之限③，稍蚕食之，傅④国都而止。韩、魏不能支⑤秦，必入臣于秦；秦无韩、魏之规⑥则祸中于赵矣。臣以天下地图案⑦之，诸侯之地五倍于秦，料度诸侯之卒十倍于秦。六国为一，并力西乡而攻秦，秦必破矣。夫衡人者⑧皆欲割诸侯之地以与秦，秦成则其身富荣，国被⑨秦患而不与其忧，是以衡人日夜务以秦权恐愒⑩诸侯，以求割地。故愿大王熟计之也！窃为大王计，莫如一⑪韩、魏、齐、楚、燕、赵为从亲以畔秦，令天下之将相会于洹水之上，通质结盟，约曰：'秦攻一国，五国各出锐师，或桡⑫秦，或救之。有不如约者，五国共伐之！'诸侯从亲以摈⑬秦，秦甲必不敢出于函谷以害山东矣。"肃侯大说，厚待苏秦，尊宠赐赉⑭之，以约于诸侯。

于是苏秦说韩宣惠王曰："韩地方九百馀里，带甲数十万，天下之强弓、劲弩、利剑皆从韩出。韩卒超足而射，百发不暇止。以韩卒之勇，被⑮坚甲，跖⑯劲弩，带利剑，一人当百，不足言也。大王事秦，秦必求宜阳、成皋；今兹效之，明年复求割地。与则无地以给之；不与则弃前功，受后祸。且大王之地有尽而秦之求无已，以有尽之地逆无已之求，此所谓市怨结祸者也，不战而地已削矣。鄙谚曰：‘宁为鸡口，无为牛后⑰。’夫以大王之贤，挟强韩之兵，而有牛后之名，臣窃为大王羞之！”韩王从其言。

苏秦说魏王曰：“大王之地方千里，地名虽小，然而田舍、庐庑之数，曾无所刍牧⑱。人民之众，车马之多，日夜行不绝，輷輷殷殷⑲，若有三军之众。臣窃量大王之国不下楚。今窃闻大王之卒，武士二十万，苍头二十万，奋击二十万，厮徒十万；车六百乘，骑五千匹；乃听于群臣之说，而欲臣事秦！故敝邑赵王使臣效愚计，奉明约，在大王之诏诏之。”魏王听之。

苏秦说齐王曰：“齐四塞之国，地方二千余里，带甲数十万，粟如丘山。三军之良，五家之兵，进如锋矢，战如雷霆，解如风雨，即有军役，未尝倍泰山、绝清河、涉渤海者也。临淄之中七万户，臣窃度之，不下户三男子，不待发于远县，而临菑之卒固已二十一万矣。临淄甚富而实，其民无不斗鸡、走狗、六博、阘鞠⑳。临淄之涂，车毂击，人肩摩，连衽成帷㉑，挥汗成雨。夫韩、魏之所以重畏秦者，为与秦接境壤也。兵出而相当，不十日而战，胜存亡之机决矣。韩、魏战而胜秦，则兵半折，四境不守；战而不胜，则国已危亡随其后；是故韩、魏之所以重与秦战而轻为之臣也。今秦之攻齐则不然，倍韩、魏之地，过卫阳晋之道，经乎亢父之险，车不得方轨㉒，骑不得比行。百人守险，千人不敢过也。秦虽欲深入则狼顾，恐韩、魏之议其后也，是故恫疑、虚喝、骄矜而不敢进，则秦之不能害齐亦明矣。夫不深料秦之无奈齐何，而欲西面而事之，是群臣之计过也。今无臣事秦之名而有强国之实，臣是故愿大王少留意计之！”齐王许之。

乃西南说楚威王曰：“楚，天下之强国也，地方六千余里，带甲百万，车千乘，骑万匹，粟支十年，此霸王之资也。秦之所害莫如楚，楚强则秦弱，秦强则楚弱，其势不两立。故为大王计，莫如从亲以孤秦。臣请令山东之国奉四时之献，以承大王之明诏；委社稷，奉宗庙，练士厉兵，在大王之所用之。故从亲则诸侯割地以事楚，衡合则楚割地以事秦。此两策者相去远矣，大王何居焉？”楚王亦许之。

于是苏秦为从约长，并相六国，北报赵，车骑辎重拟于王者。

注释

①犯寇被甲兵：遭受军队的侵犯骚扰。犯、被，都是“遭受”的意思。

②从亲：即“纵亲”，六国联合起来结为一体。

③限：阻挡。

④傅：通“附”，附着。

⑤支：支撑，此处为抵挡。

⑥规：谋划，算计。

⑦案：考察，核实。

⑧衡人者：主张连横的人。衡，指连横。

⑨被：遭受。

⑩恐愒：亦写作“恐吓”，用武力胁迫人。

⑪一：统一，作动词用。

⑫桡：读 náo，削弱。

⑬摈：排斥，弃绝。

⑭赉：赏赐。

⑮被：通“披”。

⑯跖：践，踏，用脚踏。

⑰宁为鸡口，无为牛后：据《史记正义》，鸡口虽小，犹进食；牛后虽大，乃出粪。

⑱刍牧：割草放牧。

⑲辀辀殷殷：辀辀即“轰轰”，象声词，形容声音大。这里指车马的轰鸣。

⑳斗鸡、走狗、六博、阘鞠：当时的几种游戏。

㉑连衽成帷：衣襟连起来可做成帷幕，这里的意思是说人多势众。

㉒方轨：两车并行。

译文

当初，洛阳人苏秦用兼并天下的计谋向秦王游说，秦王没有采纳他的建议。苏秦于是离开，游说燕文公道："燕国之所以不遭受秦国军队的侵犯和骚扰，是因为赵国为屏障在其南面的缘故。况且，秦国进攻燕国，要到千里之外去作战；赵国进攻燕国，百里之内即可作战。不担忧百里之内的祸患，而重视千里之外，计策没有比这更糟的了。我希望大王您能与赵国合纵为亲邻，两国统一行动，那么燕国必定无祸患了。"

燕文公听从苏秦的劝告，资助苏秦车马，让他去游说赵肃侯。苏秦说："现在，崤山以东所建立的国家没有比赵国更强大的，秦国的祸患也没有超过赵国的。然而秦国始终不敢兴兵征讨赵国，就是害怕韩国、魏国在背后合谋算计。秦国攻打韩、魏两国，没有名山大川阻隔，逐步蚕食其土地，迫近韩国国都而停止。韩国、魏国不能抗拒秦国，必定向秦国称臣；秦国没有韩国、魏国暗中算计它，那么战祸就降临到赵国头上。我用天下的地图查考，各诸侯国的土地面积是秦国的五倍，估计各诸侯国的军队是秦国的十倍。六国统一行动，合力向西进攻秦国，秦国一定会破亡。主张连横的人都想割各诸侯国的土地来献给秦国，秦国成功了那么他们本人则获得富足和荣显，而各诸侯国遭受秦国的祸患他们却不分担，所以主张连横的人日日夜夜做着用秦国的威势恐吓各诸侯国，以求得各诸侯国割地的事。所以希望大王仔细谋划！我私下里为大王考虑，不如统一韩、魏、齐、楚、燕、赵各诸侯国为合纵亲邻以背离秦国，让六国的将、相相会在洹水边上，互换人质，结成同盟，相互约定：'秦国进攻一国，五国各派出精锐之师，或者削弱秦国，或者救援被攻之国。如果一国不遵守盟约，五国共同讨伐它！'各诸侯国合纵为亲邻以排斥秦国，秦国的军队就不敢出函谷关来祸害崤山以东的诸侯国了。"赵肃侯听了很高兴，优厚地接待苏秦，尊崇他并赏赐丰厚，用他去联合各诸侯国。

因此，苏秦劝说韩宣惠王说："韩国之地方圆九百余里，有几十万士兵，天下的强弓、劲弩、利剑都从韩国产出。韩国士兵双脚踏弩而射箭，连续发射百发而不停止。凭借韩国士兵的勇猛，披上牢固的盔甲，踩着强劲的弓弩，佩戴锋利的宝剑，以一当百也不在话下。大王若是侍奉秦国，秦国必定索求宜阳、成皋两座城池。现在更加尽心尽力进献给他，明年又再次要求割地。再给它就已无地可给，不给就耗费了以前下的功夫，要蒙受后祸。况且大王的土地有竭尽之时而秦国的索求没有停止，用有限的土地迎合没有停止的索求，这就是所说的招致怨恨，结下祸根，不用打仗土地就已经被削减了。俗语说：‘宁为鸡口，无为牛后。’凭借大王的贤明，拥有强大韩国的军队，而拥有‘牛后’的名声，我也要私下里为您羞愧了！”韩王听从了苏秦的劝说。

苏秦又对魏王说：“大王的国土方圆千里，土地面积名义上虽然狭小，然而田地和屋舍、庐庑稠密的数量，已到了无处放牧的地步。民众数量之众、车马数量之多，昼夜行路不绝，车马的轰鸣声，好似步、车、骑三军通过。我私下估计大王国家的实力不在楚国之下。现在私下听说大王的军队，武士有二十万，苍头军有二十万，奋击兵有二十万，厮徒兵有十万；还有战车六百辆，战马五千匹；竟然打算听从群臣的劝说，而想去臣服侍奉于秦国！所以我们赵国赵王派遣我向您进献愚计，捧着盟约，只等大王下令答复订立盟约。”魏王听取了苏秦的建议。

苏秦游说齐王说：“齐国是一个四面有要塞的国家，国土方圆两千多里，披着铠甲的士兵几十万，粮食堆积如山。装备精良的三军，连五家之兵，进攻像迅急的利箭，作战有如雷霆之势，收兵解散时像风雨迅速。即使遇到战事，也不用背离泰山、渡过清河、跨过渤海去征兵。临淄城里有七万户人家，我私下里算了算，每户男子不下三人，不用到边远的县乡去征调军队，而临淄城里的士卒本来就有二十一万了。临淄城非常富庶殷实，这里的居民没有不玩斗鸡、赛狗、下棋、踢球游戏的。临淄城的道路上，车辆多得车毂互相碰撞，人更是摩肩接踵，衣服连起来可以成帷帐，众人挥汗如同下雨一样。韩国、魏国之所以过分害怕秦国，是与秦国国土接壤啊。军队出发与秦国对阵，用不了十天而作战，胜败存亡的大趋势就确定了。韩国、魏国如果战胜了秦国，那么其军队也损伤过半，四境难以守卫；如果战胜不了秦国，那么国家已经危亡紧随其后；所以韩国、魏国很慎重地对待与秦国作战，而轻易地做秦国的臣子。现在秦国进攻齐国就不是这样了，要背向韩国、魏国的国土，经过卫国阳晋的道路，通过亢父的险隘，车辆不能并行，战马不能并排奔跑。一百个人守住险要的地方，一千个人也不敢通过。秦国虽然想驱兵深入，但担心韩国、魏国在其背后图谋，所以它恐惧怀疑、虚张声势而又骄躁矜夸不敢贸然进攻齐国，那么秦国不能祸害齐国也是明显的了。而您不仔细考虑秦国对齐国的无计可施，却打算向西对秦国俯首称臣，这是齐国群臣谋略的过错啊。现在，齐国没有臣服侍奉秦国的名声，却有强国的实情，我因此希望大王能稍加留意谋划这件事！”齐王答应了苏秦的建议。

于是苏秦就到西南游说楚威王说：“楚国是天下的强国，国土方圆六千多里，披甲的士兵有一百万，有战车一千辆，有战马一万匹，储存的粮食可支持十年，这是称霸称王的资本。秦国惧怕的莫过于楚国，楚国强大了那么秦国就会衰弱，秦国强大了那么楚国就会衰弱，两国势不两立。所以我为大王考虑，不如合纵亲邻国以孤立秦国。我请您允许我让崤山以东的各诸侯国向您进贡一年四季的礼品，来秉承大王的明令；把江山社稷、祖先宗庙都托付给您，历练军队，只等着大王您的指挥调动。所以，合纵亲邻那么各诸侯国就会割地侍奉楚国，连横亲秦那么楚国要割地侍奉秦国。这两种策略相距甚远，大王您选择哪一种策略呢？”楚王也听从了苏秦的劝说。

于是苏秦成为合纵的盟主，同时兼任六国相，返回北方向赵王报告合纵结盟的情况。苏秦乘坐的车马和随从供应物资的车辆可比拟各诸侯国国君。

张仪巧舌施连横

原文

【周纪三】赧王四年（庚戌，前311年）

秦惠王使人告楚怀王，请以武关之外易黔中地。楚王曰："不愿易地，愿得张仪而献黔中地。"张仪闻之，请行。王曰："楚将甘心于子，奈何行?"张仪曰："秦强楚弱，大王在，楚不宜敢取臣。且臣善其嬖臣靳尚，靳尚得事幸姬郑袖，袖之言，王无不听者。"遂往。楚王囚，将杀之。靳尚谓郑袖曰："秦王甚爱张仪，将以上庸六县及美女赎之。王重地尊秦，秦女必贵而夫人斥矣。"于是郑袖日夜泣于楚王曰："臣各为其主耳。今杀张仪，秦必大怒。妾请子母俱迁江南，毋为秦所鱼肉也！"王乃赦张仪而厚礼之。张仪因说楚王曰："夫为从者无以异于驱群羊而攻猛虎，不格①明矣。今王不事秦，秦劫韩驱梁而攻楚，则楚危矣。秦西有巴、蜀，治船积粟②，浮岷江而下，一日行五百余里，不至十日而拒③扞关，扞关惊则从境以东尽城守矣，黔中、巫郡非王之有。秦举甲出武关，则北地绝。秦兵之攻楚也，危难在三月之内，而楚待诸侯之救在半岁之外，夫待弱国之救，忘强秦之祸，此臣所为大王患也。大王诚能听臣，臣请令秦、楚长为兄弟之国，无相攻伐。"楚王已得张仪而重④出黔中地，乃许之。

张仪遂之韩，说韩王曰："韩地险恶山居，五谷所生，非菽而麦，国无二岁之食；见卒不过二十万。秦被甲百余万。山东⑤之士被甲蒙胄⑥以会战，秦人捐甲徒裼⑦以趋敌，左挈人头，右挟生虏。夫战孟贲、乌获之士以攻不服之弱国，无异垂千钧之重于鸟卵之上，必无幸矣。大王不事秦，秦下甲据宜阳，塞⑧成皋，则王之国分矣，鸿台之宫，桑林之苑，非王之有也。为大王计，莫如事秦以攻楚，以转祸而悦秦，计无便于此者！"韩王许之。

张仪归报，秦王封以六邑，号武信君。复使东说齐王曰："从人说大王者必曰：‘齐蔽于三晋，地广民众，兵强士勇，虽有百秦，将无奈齐何。’大王贤其说而不计其实。今秦、楚嫁女娶妇，为昆弟之国；韩献宜阳；梁效⑨河外⑩；赵王入朝，割河间以事秦。大王不事秦，秦驱韩、梁攻齐之南地，悉赵兵，渡清河，指博关，临菑、即墨非王之有也！国一日见攻，虽欲事秦，不可得也！”齐王许张仪。

张仪去，西说赵王曰：“大王收率天下以摈秦，秦兵不敢出函谷关十五年。大王之威行于山东，敝邑恐惧，缮甲厉兵⑪，力田积粟，愁居慑处，不敢动摇，唯大王有意督过之也。今以大王之力，举巴、蜀，并汉中，包两周，守白马之津。秦虽僻远，然而心忿含怒之日久矣。今秦有敝甲凋兵军于渑池，愿渡河，逾漳，据番吾，会邯郸之下，愿以甲子合战，正殷纣之事⑫。谨使使臣先闻左右。今楚与秦为昆弟之国，而韩、梁称东藩⑬之臣，齐献鱼盐之地，此断赵之右肩也。夫断右肩而与人斗，失其党而孤居，求欲毋危得乎！今⑭秦发三将军，其一军塞午道，告齐使渡清河，军于邯郸之东，一军军成皋，驱韩、梁军于河外，一军军于渑池，约四国为一以攻赵，赵服必四分其地。臣窃为大王计，莫如与秦王面相约而口相结，常为兄弟之国也。”赵王许之。

张仪乃北之燕，说燕王曰：“今赵王已入朝，效河间以事秦。大王不事秦，秦下甲云中、九原，驱赵而攻燕，则易水、长城非大王之有也！且今时齐、赵之于秦，犹郡县也，不敢妄举师以攻伐。今王事秦，长无齐、赵之患矣。”燕王请献常山之尾五城以和。

张仪归报，未至咸阳，秦惠王薨，子武王立。武王自为太子时，不说张仪；及即位，群臣多毁短之。诸侯闻仪与秦王有隙，皆畔衡，复合从。

注释

①格：抗拒，格斗。

②治船积粟：准备置办船只，囤积粮食。

③拒：占据。

④重：难。

⑤山东：指崤山以东。

⑥被甲蒙胄：披上铠甲戴上头盔。

⑦捐甲徒裼：扔掉铠甲只是光着上身。捐，抛弃；裼，读 xī，露出肉体。

⑧塞：边塞，此处为动词，扼守关塞。

⑨效：献，呈献。

⑩河外：依胡三省注，秦以河东为河外，梁则以河西为河外，张仪以秦言之也。

⑪缮甲厉兵：修缮铠甲，磨砺兵器。指做军事准备。

⑫愿以甲子合战，正殷纣之事：希望用古时甲子会战的形式，重演武王伐纣的故事。张仪在此借用武王伐纣之故事，有羞辱赵王之意。

⑬东藩：东方的藩属之国。因为韩国和梁国在秦国的东方，故称。

⑭今：如果。

译文

秦惠王派人告诉楚怀王，请求用武关以外的土地交换楚国黔中之地。楚王说：“我不愿意交换土地，愿意得到张仪而献给秦国黔中之地。”张仪听说后，请求前往楚国。秦王说：“楚王打算杀你而甘心，你为什么还要去？”张仪说：“秦国强大，楚国弱小，只要大王您在，楚国不应当敢捉拿我。而且我与楚王的宠臣靳尚关系很好，靳尚能够侍奉楚王的爱姬郑袖，郑袖的话，楚王没有不听的。”于是张仪前往楚国。楚王将其囚禁，准备处死他。靳尚对郑袖说：“秦王非常宠爱张仪，准备用上庸六个县以及美女赎回他。大王重视土地，又尊奉秦国，秦国的美女必将地位显要，而夫人您将被排斥。”于是郑袖日夜在楚王面前哭泣：“张仪的事不过是作为臣子的各为其主罢了。现在杀了张仪，秦王一定会非常愤怒。我请求我母子一起迁居江南，不要成为秦国人的鱼肉。”楚王于是赦免了张仪，并且用隆重的礼节招待他。张仪趁机劝说楚王：“那些主张合纵的，与赶着羊群去进攻猛虎没有什么区别，不用格斗结果已很明了。现在大王不侍奉秦国，秦国威逼韩国、驱赶魏国而进攻楚国，那么楚国就危险了。秦国西部占有巴、蜀之地，修缮船只，聚积粮食，沿岷江而下，一天行五百多里，不到十天就占据扞关。扞关被惊动，那么由此境以东的全部都要以城防守了，黔中郡、巫郡不是大王所有的了。秦国如果大举甲兵出了武关，那么楚国的北部地区就成为绝地。秦军进攻楚国，楚国的危难只在三个月以内，而楚国等待各诸侯国的救援要在半年以上。坐等弱小诸侯国来救，而忘记了强秦的祸难，这是我在替大王担心的啊！大王如果能听取我的意见，请允许我让秦国、楚国永久结为兄弟之国，不再互相攻杀。”楚王已经得到了张仪，却再难以献出黔中之地，于是答应了张仪的请求。

张仪于是到韩国，游说韩王说：“韩国地势险恶且百姓多在山上居住，所产的五谷，不是豆子就是杂麦，国家没有两年的存储粮食，现在的士兵不过二十万，秦国拥有身披铠甲的士兵一百多万。崤山以东的战士披着铠甲戴着头盔来参战，而秦国人扔掉铠甲赤身露体上阵迎敌，左手提着人头，右手夹着俘虏。秦国以孟贲、乌获之类勇士们进攻不臣服的弱国，与在鸟蛋上压下千钧巨石没有什么两样，无一可以幸免。大王不肯侍奉秦国，如果秦国派出甲兵占据宜阳，扼守成皋关塞，那么大王的国家就会被分裂，鸿台的宫殿，桑林的园苑，就不是大王所有的了。替大王考虑，不如侍奉秦国然后进攻楚国，来转嫁祸灾并且取悦秦国。计策没有比这更便利的了！”韩王听从了张仪的意见。

张仪回到秦国报告，秦王封给他六座城池，并封号武信君。又派他向东游说齐王说：“主张合纵的人，游说大王的一定会说：‘齐国有三晋作屏障，土地广袤人民众多，军事力量强大士兵勇敢，即使有一百个秦国，也拿齐国没有什么办法。’大王认为这种说法好而不考虑实际情况。现在秦国、楚国嫁女儿娶媳妇，结为兄弟之国；韩国献宜阳给秦国；魏国献出河外之地；赵王入朝拜见秦王，割让河间的土地来侍奉秦国。大王不侍奉秦国，秦国驱使韩国、魏国的军队进攻齐国南部，迫使赵国的军队倾巢而出，渡过清河，直指博关，临淄、即墨就不是大王所有了！国家被攻击的那天，即使想讨好秦国，也来不及了！”齐王采纳了张仪的建议。

张仪离开齐国，又向西游说赵王：“大王带头联合天下的力量抵抗秦国，使秦兵十五年不敢出函谷关侵犯各国。大王的威望在崤山以东广为传扬，我们秦国十分恐惧，修缮铠甲，磨砺兵器，积蓄粮草，忧愁恐惧，不敢有丝毫放松，唯恐大王您前来兴师问罪。现在我们秦国凭借您大王的力量，一举攻下巴、蜀，吞并汉中，包围周王朝，兵抵白马渡口。我们秦国虽然地处偏远，然而对赵国心含愤怒已经很长时间了。现在秦国有一支铠甲残破、精疲力竭的队伍驻扎在渑池，希望渡过黄河，越过漳水，进驻番吾，前来邯郸城下与大王相会。希望用古时甲子会战的形式，重演武王伐纣的故事。为此，特派遣微臣我来通知您的手下。现在楚国与秦国结为兄弟之邦，韩国、魏国俯首称臣，齐国献出盛产鱼盐的海滨之地，这就像是砍断了赵国的右臂啊。被砍断了右臂而与别人争斗，失去同党而又孤立无援，想要不灭亡，能办到吗？如果秦国派出三支大军，一支军队扼守午道，告知齐国让他们渡过清河，在邯郸之东驻军；另一支军队驻扎成皋，驱使韩、梁军队进驻河外；还有一支军队驻扎渑池，约定四国联合起来一起攻打赵国，征服后一定四分其地。我私下里为大王着想，不如与秦王当面亲口结下盟约，使两国成为长久的兄弟之国。”赵王答应了张仪的建议。

张仪于是北上到达燕国，对燕王劝说道：“如今赵王已经去朝拜秦王，并献出河间之地来讨好秦国。大王您不赶快结好秦国，秦国就会派甲兵到云中、九原，驱使赵国进攻燕国，那么易水、长城可就不是大王您的了！况且，现在齐国、赵国就像秦国的郡县一样，不敢随便举兵相攻伐。大王您如果侍奉秦国，就可以长年免除齐国、赵国的威胁了。”燕王于是请求献上常山脚下的五座城池来与秦国交好。

张仪回到秦国报告，还没到咸阳，秦惠王就去世了，其子秦武王继位。武王从做太子时就不喜欢张仪；等到他一即王位，群臣中很多人便前来诽谤数说张仪的短处。各国诸侯听说张仪与秦王间发生矛盾，都背叛了连横的盟约，再次联合起来对付秦国。

完璧归赵

原文

【周纪四】赧王三十二年（戊寅，前283年）

赵王得楚和氏璧，秦昭王欲之，请易①以十五城。赵王欲勿与，畏秦强；欲与之，恐见欺②。以问蔺相如，对曰："秦以城求璧而王不许，曲③在我矣。我与之璧而秦不与我城，则曲在秦。均④之二策，宁许以负秦。臣愿奉⑤璧而往；使⑥秦城不入，臣请完璧而归之！"赵王遣之。相如至秦，秦王无意偿赵城。相如乃以诈绐⑦秦王，复取璧，遣从者怀之，间行⑧归赵，而以身待命于秦。秦王以为贤而弗诛，礼而归之。赵王以相如为上大夫。

注释

①易：交换。

②恐见欺：害怕被欺骗。

③曲：理屈，理亏。

④均：比较。

⑤奉：通"捧"。

⑥使：假使，如果。

⑦绐：欺骗。

⑧间行：抄小路走。间，读jiàn。

译文

赵惠文王得到楚国的和氏璧，秦昭王想要它，请求用十五座城池来交换它。赵惠文王想不将和氏璧给秦国，又害怕秦国的强大；想将和氏璧给秦国，又担心被欺骗。赵惠文王拿这件事询问蔺相如，蔺相如回答说：

“秦王拿十五座城池来交换和氏璧，大王不答应，理亏在我们。我们把和氏璧给秦国，而秦国不给我们城池，那么理屈在秦国。比较这样两种计策，我们宁肯答应秦国来使他们理亏。我愿意捧着和氏璧前往秦国；如果秦国不把十五座城池交给我们，我将完整的和氏璧还给赵国！”赵惠文王就派蔺相如出使秦国。相如到了秦国，秦王无意给赵国城池。相如就用欺诈的手段哄骗秦王，又把和氏璧取了回来，派遣手下的人把和氏璧藏在怀里，抄小路回到了赵国。而蔺相如自己就待在秦国听候秦王的处置。秦王认为蔺相如做得好而不处置他，以礼相待，使他回到赵国。赵惠文王让蔺相如做了上大夫。

廉蔺交欢

原文

【周纪四】赧王三十六年（壬午，前279年）

秦王使使者告赵王，愿为好会于河外渑池。赵王欲毋行，廉颇、蔺相如计曰："王不行，示赵弱且怯也。"赵王遂行，相如从。廉颇送至境，与王诀曰："王行，度①道里会遇之礼毕，还不过三十日；三十日不还，则请立太子以绝秦望。"王许之。

会于渑池。王与赵王饮，酒酣，秦王请赵王鼓瑟，赵王鼓之。蔺相如复请秦王击缶，秦王不肯。相如曰："五步之内，臣请得以颈血溅大王矣！"左右欲刃②相如，相如张目叱之，左右皆靡。王不怿③，为一击缶。罢酒，秦终不能有加于赵；赵人亦盛为之备，秦不敢动。赵王归国，以蔺相如为上卿，位在廉颇之右。

廉颇曰："我为赵将，有攻城野战之功。蔺相如素贱人，徒以口舌而位居我上。吾羞，不忍为之下！"宣言④曰："我见相如，必辱之！"相如闻之，不肯与会；每朝，常称病，不欲争列。出而望见，辄引⑤车避匿。其舍人皆以为耻。相如曰："子视廉将军孰与秦王？"曰："不若。"相如曰："夫以秦王之威而相如廷叱之，辱其群臣；相如虽驽⑥，独畏廉将军哉！顾吾念之，强秦所以不敢加兵于赵者，徒以吾两人在也。今两虎共斗，其势不俱生。吾所以为此者，先国家之急而后私仇也！"廉颇闻之，肉袒负荆⑦至门谢罪，遂为刎颈之交⑧。

注释

①度：读duó，估计，揣度。

②刃：用刀杀。

③怿：高兴。

④宣言：扬言，宣扬。

⑤引：掉转车头。

⑥驽：劣马，比喻才能低下。

⑦肉袒负荆：袒露着上身，背负荆条。

⑧刎颈之交：指生死与共的朋友。

译文

秦昭王派遣使者告诉赵王，愿意与赵惠文王在黄河边上的渑池举行友好会晤。赵王想不去，廉颇、蔺相如商量着说："大王不去的话，显得我们赵国既弱小又害怕啊。"赵王于是前去赴约，让蔺相如做随从。廉颇送到国境边上，与赵王诀别说："大王的行程，估计路上走的时间加上会见礼节完毕，回到国内，总共不会超过三十天；到了三十天，大王还没有回来，那么请允许我拥立太子为王，来断绝秦国的企图。"赵王答应了廉颇的请求。

秦王与赵王在渑池相会，秦王与赵王饮酒，喝到尽兴处，秦王请赵王鼓瑟，赵王就鼓了瑟。蔺相如又请秦王击缶，秦王不答应。蔺相如说："五步之内，我可以将脖颈上的血溅到大王的身上！"秦王手下的人想用刀杀死蔺相如，蔺相如怒目呵斥，秦王手下的人都吓得退到一边。秦王不高兴，只得给赵王击了一下缶。直到酒会结束，秦国始终不能凌驾于赵国之上；赵国国内也做好了充分的准备，秦国不敢轻举妄动。赵王回到国内，任命蔺相如为上卿，地位在廉颇之上。

廉颇说："我是赵国大将军，有攻城野战的功劳。蔺相如向来地位低贱，只是凭借着口舌之功而地位就在我之上。我感到羞耻，不能容忍地位在他之下！"廉颇还扬言说："我碰见蔺相如，一定要羞辱他！"蔺相如听说后，不肯与廉颇碰面。每次上朝，蔺相如常常说得病了，不想和廉颇争位次的高低。出门远远地望见廉颇车骑，总是掉转车头避开。蔺相如的门客们都以此为耻。蔺相如就说："你们看廉将军与秦王比谁更厉害？"门客们说："廉将军没有秦王厉害。"蔺相如说："任凭秦王的淫威，我都敢在朝堂上呵斥他，羞辱他的大臣；相如虽然没有才干，难道只是害怕廉将军吗！只不过我想到，强大的秦国不敢对我们赵国用兵的原因，只是因为有我们两个人在啊。现在两虎相争，其结果不能共生存。我这样做的原因，是把国家的急事放到前面，把个人的私怨放在后头啊！”廉颇听说后，袒露着上身，背负荆条，到蔺相如的家门前谢罪，两个人于是成为生死与共的朋友。

毛遂自荐救赵

原文

【周纪五】赧王五十七年（癸卯，前258年）

正月，王陵攻邯郸，少利①，益发卒佐陵②；陵亡五校。武安君③病愈，王欲使代之。武安君曰："邯郸实未易攻也；且诸侯之救日至。彼诸侯怨秦之日久矣，秦虽胜于长平，士卒死者过半，国内空，远绝④河山而争人国都；赵应其内，诸侯攻其外，破秦军必矣。"王自命不行⑤，乃使应侯请之。武安君终辞疾，不肯行；乃以王龁代王陵。

赵王使平原君⑥求救于楚，平原君约其门下食客文武备具者二十人与之俱，得十九人，余无可取者。毛遂自荐于平原君。平原君曰："夫贤士之处世也，譬若锥之处囊中，其末⑦立见。今先生处胜之门下三年于此矣，左右未有所称诵，胜未有所闻，是先生无所有也。先生不能，先生留！"毛遂曰："臣乃今日请处囊中耳！使遂蚤⑧得处囊中，乃颖脱而出，非特其末见而已。"平原君乃与之俱，十九人相与目笑之。平原君至楚，与楚王言合纵⑨之利害，日出而言之，日中不决。毛遂按剑历阶而上，谓平原君曰："从之利害，两言而决耳！今日出而言，日中不决，何也？"楚王怒叱曰："胡不下！吾乃与而君言，汝何为者也！"毛遂按剑而前曰："王之所以叱遂者，以楚国之众也。今十步之内，王不得恃楚国之众也！王之命悬于遂手。吾君在前，叱者何也？且遂闻汤以七十里之地王天下，文王以百里之壤而臣诸侯，岂其士卒多哉？诚能据其势而奋其威也。今楚地方五千里，持戟百万，此霸王之资也。以楚之强，天下弗能当。白起，小竖子耳，率数万之众，兴师以与楚战，一战而举鄢、郢，再战而烧夷陵，三战而辱王之先人，此百世之怨而赵之所羞，而王弗知恶焉。合从者为楚，非为赵也。吾君在前，叱者何也？"楚王曰："唯唯，诚若先生之言，谨奉社稷⑩以从。"毛遂曰："从定乎？"楚王曰："定矣。"毛遂谓楚王之左右曰：

"取鸡、狗、马之血来！"毛遂奉铜盘而跪进之楚王曰："王当歃血[11]以定从；次者吾君，次者遂。"遂定从于殿上。毛遂左手持盘血而右手招十九人曰："公等相与歃此血于堂下！公等录录[12]，所谓'因人成事[13]'者也。"平原君已定从而归，至于赵，曰："胜不敢相[14]天下士矣！"遂以毛遂为上客。

于是楚王使春申君[15]将兵救赵，魏王亦使将军晋鄙[16]将兵十万救赵。

注释

①少利：出兵失利，没有占到便宜。

②益发卒佐陵：益，更加，增加；继续发派援军以助王陵。

③武安君：指秦将白起。

④绝：横渡。

⑤不行：不去执行。

⑥平原君：赵国公子赵胜。

⑦末：末梢，尖端。

⑧蚤：通"早"。

⑨合纵：战国时，弱国联合起来一起进攻强国。

⑩社稷：古代帝王、诸侯所祭祀的土神和谷神，后代指国家。

⑪歃血：口含血，古代订立盟约时表示信誓的一种仪式。

⑫录录：通"碌碌"，平庸。

⑬因人成事：靠别人的力量把事情办好。

⑭相：观察，审视。

⑮春申君：楚国公子黄歇。

⑯晋鄙：魏国将军。

译文

正月，秦将王陵进攻赵都邯郸，没有胜利，秦王进一步发派士卒以辅助王陵；王陵丧失了五位军官。武安君白起病好了，秦王打算让他代替王陵。武安君说："邯郸实际上不易攻克；况且诸侯国的救援军队一日可到。那些诸侯国怨恨秦国时间很长了，秦国虽然在长平取得了胜利，但是军队死亡过半，国内空虚，远距离越过大河，翻过大山，而争夺他人的国都；赵国做内应，诸侯国从外边进攻，击溃秦军是肯定的了。”秦王亲自命令武安君前去，武安君不肯去，就派遣应侯范睢请武安君。武安君最终以得病为由请辞，不肯赴任；秦王就让王龁代替王陵。

赵王派平原君赵胜向楚国求救，平原君邀结门下食客中文武双全的二十人与他同行，得到了十九人，剩下没有可挑选的。门客毛遂向平原君自我推荐。平原君说：“有才能的人在世上，好像锥子放在布袋里，锥尖立刻显露出来。现在先生在我的门下已经三年了，手下的人没有称扬你，我没有听说过你，这是先生没有什么啊。先生没有才能，先生留下吧！”毛遂说：“我只是今天才请你把我放在布袋里罢了！假如我早点能够处在布袋里，早脱颖而出了，不止是锥尖露出而已。”平原君于是让毛遂与他同行，十九个人一起看着嘲笑他。平原君到了楚国，与楚王商讨合纵抗秦的利弊好坏。从日出开始谈论，到正午没有定下来。毛遂手按宝剑顺着台阶走上去，对平原君说：“合纵抗秦的好坏，两句话就可以决定了！今天从日出开始谈，到日中没有定下来，为什么呢？”楚王厉声呵斥道：“为什么不下去！我是在和你的主子谈话，你是什么人？”毛遂手按宝剑走上前说：“大王能够大声斥责我，因为楚国人多势众啊。现在十步之内，大王不能依仗楚国人多势众！大王的性命掌控在我的手中。我的主人在眼前，为什么要呵斥？而且毛遂听说商汤凭借着方圆七十里的土地称王天下，周文王凭借着方圆百里的土地臣服诸侯，难道他们的军队多吗？确实是能够依据历史的趋势，奋起他们的威势罢了。现在，楚国国土方圆五千里，持戟的士卒一百万，这是建立霸业称王天下的资本啊。凭借楚国的强盛，天下的诸侯国难以抵挡。白起小子，率领几万人，发动军队与楚国作战，一战就占领了鄢、郢两座城池，再战就火烧夷陵，三战毁了楚国的宗庙、辱没楚王的祖先，这是百世的仇怨，并且赵国都感到羞愧，可是大王不知道羞耻。合纵抗秦是为了楚国，不是为了赵国啊。我的主人在眼前，为什么要呵斥？”楚王说：“是的，确实如同先生说的，谨请拿楚国的力量来跟随。”毛遂说：“合纵抗秦定下来了吗？”楚王说：“定下来了。”毛遂对楚王手下的人说：“取鸡、狗、马的血来！”毛遂手捧着铜盘跪着上前给楚王说：“大王应当歃血宣誓以确定合纵盟约，其次是我的主子，再次是我毛遂。”

于是在朝堂上订立了合纵盟约。毛遂左手持着盛血的铜盘，右手招呼着同来的十九个人说："你们在朝堂下一起歃血宣誓吧！你们这些人碌碌无为，这就是所说的'靠别人的力量把事情办好'啊。"平原君已经订立合纵盟约回国，到了赵国，说："我不敢说能识别天下的贤士了！"于是尊奉毛遂为上宾。

由于这个原因，楚王派遣春申君率军救援赵国，魏王也派将军晋鄙率领十万人马救赵。

无忌窃符救赵

原文

【周纪五】赧王五十七年/五十八年（癸卯/甲辰，前258年/前257年）

初，魏公子无忌仁而下士，致食客三千人。魏有隐士曰侯嬴，年七十，家贫，为大梁夷门监者①。公子置酒大会宾客，坐定，公子从车骑②虚左③自迎侯生。侯生摄敝衣冠④，直上载公子上坐⑤不让；公子执辔⑥愈恭。侯生又谓公子曰："臣有客在市屠中，愿枉⑦车骑过之。"公子引车入市，侯生下见其客朱亥，睥睨⑧，故久立，与其客语，微察公子，公子色愈和；乃谢客就车，至公子家。公子引侯生坐上坐，遍赞宾客，宾客皆惊。及秦围赵，赵平原君之夫人，公子无忌之姊也，平原君使者冠盖相属⑨于魏，让公子曰："胜所以自附于婚姻⑩者，以公子之高义，能急人之困也。今邯郸旦暮降秦而魏救不至，纵公子轻胜弃之，独不怜公子姊邪⑪！"公子患之，数请魏王敕晋鄙令救赵，及宾客辩士游说万端，王终不听。公子乃属⑫宾客，约车骑百余乘，欲赴斗以死于赵；过夷门，见侯生。侯生曰："公子勉之矣，老臣不能从！"公子去，行数里，心不快，复还见侯生。侯生笑曰："臣固知公子之还也！今公子无他端而欲赴秦军，譬如以肉投馁虎，何功之有！"公子再拜问计。侯嬴屏人曰："吾闻晋鄙兵符在王卧内，而如姬最幸，力能窃之。尝闻公子为如姬报其父仇，如姬欲为公子死无所辞，公子诚一开口，则得虎符，夺晋鄙之兵，北救赵，西却秦，此五伯之功⑬也。"公子如其言，果得兵符。公子行，侯生曰："将在外，君令有所不受。有如晋鄙合符而不授兵，复请之，则事危矣。臣客朱亥，其人力士，可与俱。晋鄙若听，大善；不听，可使击之！"于是公子请朱亥与俱。至邺，晋鄙合符，疑之，举手视公子曰："吾拥十万之众屯于境上，今单车来代之，何如哉？"朱亥袖四十斤铁椎，椎杀晋鄙，公子遂勒兵下令军中曰："父子俱在军中者，父归！兄弟俱在军中者，兄归！独子无兄弟者，归养！"得选兵八万人，将之而进。

魏公子无忌大破秦师于邯郸下，王龁解邯郸围走。

公子无忌既存赵，遂不敢归魏，与宾客留居赵，使将将其军还魏。赵王与平原君计，以五城封公子。赵王扫除[14]自迎，执主人之礼，引公子就西阶。公子侧行辞让，从东阶上，自言罪过，以负于魏，无功于赵。赵王与公子饮至暮，口不忍献五城，以公子退让也。赵王以鄗为公子汤沐邑。魏亦复以信陵奉公子。

注释

①大梁夷门监者：魏都大梁夷门的守门的官员。

②从车骑：使车骑从，意思是带着车马随从。

③虚左：空下左边的位子，当时以左为尊。

④摄敝衣冠：摄，提起；敝，破旧，破败；合起来的意思是戴着破帽子穿着旧衣裳。

⑤坐：通"座"。

⑥执辔：手里拿着马缰绳。

⑦枉：降低身份，屈尊相访。

⑧睥睨：斜着眼睛看，表示轻视。

⑨冠盖相属：（平原君赵胜派到魏国求救的使者的）车马接连不断。冠盖，官员的服饰和车乘；属，连接，连续。

⑩婚姻：亲家，有亲戚关系。

⑪独不怜公子姊邪：难道您不可怜您的姐姐吗？"独……邪"是一个固定句式，意为"难道……吗"。

⑫属：读 zhǔ，聚集。

⑬五伯之功：依胡三省注，"伯"读"霸"，即"五霸之功"。

⑭除：台阶。

译文

当初，魏国公子魏无忌讲求仁义并且礼待读书人，招引食客三千人。

魏国有个隐士叫侯嬴，七十岁了，家庭贫穷，是大梁夷门的守门官员。魏公子摆设酒宴大规模宴请宾客，宾客坐定后，魏公子带着车骑，空着左边的尊位，亲自迎接侯嬴。侯嬴穿戴着破旧衣帽，径直上了魏公子的车子，坐在上座，并不谦让；魏公子执着缰绳，更加恭敬。侯嬴又对魏公子说："我有个朋友在市场当屠户，请委屈车骑绕到他那里。"魏公子牵引车子进入市场，侯嬴下车见到他的朋友朱亥，斜着眼睛，故意长久地站立，与他的朋友谈话，悄悄地观察魏公子，魏公子的表情更加谦和；于是辞别朋友上车，到魏公子的家。魏公子引导侯嬴坐在上座，向宾客称赞他，宾客都很惊奇。等到秦军围困赵都邯郸，赵国平原君赵胜的夫人，是公子魏无忌的姐姐。平原君的使者车马接连不断到魏国求救，指责魏公子说："赵胜之所以与您联姻，认为公子的高尚道义，能够以别人的危难为自己的急事。现在邯郸早晚要投降秦国而魏国的救兵不到，即使公子轻视赵胜而抛弃他，难道不可怜公子的姐姐吗？"魏公子忧虑这件事，多次请求魏王下令晋鄙救援赵国，及至宾客辩士多方游说，魏王始终不听。魏公子于是聚集宾客，邀结百余辆车马，打算奔赴前线战斗并因此死于救赵国。路过夷门，见到侯嬴。侯嬴说："公子努力吧，老臣不能跟随！"魏公子离开后，走了几里路，心中不乐，返回见侯嬴。侯嬴笑着说："我本来知道公子会回来的！现在公子没有其他的办法而打算奔赴迎战秦军，好比用肉投掷饿虎，有什么功劳呢！"魏公子再拜询问计策。侯嬴屏退周围的人说："我听说晋鄙的兵符在魏王卧室里，只有如姬最受宠爱，有能力偷到兵符。曾经听说公子为如姬报了她杀父之仇，如姬希望为公子死而无所推辞。公子如果一开口，就得到虎符，夺取晋鄙的兵权，向北救赵，向西击退秦兵，这是五霸的功绩啊。"魏公子按照他的话去做，果然得到兵符。公子将行，侯嬴说："将军在外，君令可以不接受。假如晋鄙合验兵符后却不交出兵权，返回请示，那事情危险了。我的朋友朱亥是个力士，可与他一起去。晋鄙如果听从，非常好；不听从，可以让朱亥击杀他！"因此魏公子邀请朱亥与他一起去。到了邺城，晋鄙合验兵符后，怀疑这件事，举手看着魏公子说："我拥有十万大军驻扎在边境上，现在你单车前来取代，怎么回事？"朱亥用袖中四十斤的铁椎，椎杀了晋鄙，魏公子于是指挥下令军中说："父子两人都在军队中的，父亲回去！兄弟两人都在军队中的，兄长回去！独子没有兄弟的，回家奉养父母！”得到挑选的八万人，率领他们前进。

魏公子无忌在邯郸城下大败秦军，秦将王龁率领军队解围撤离邯郸而去。

公子魏无忌已经保全赵国，就不敢回魏国，与宾客留驻在赵国，派将军统率军队回国。赵王与平原君商议，用五座城池封给魏公子。赵王打扫殿前的台阶亲自迎接，执主人的礼节，引导魏公子由西面台阶上殿。魏公子侧行辞让，从东面台阶走上，自己说自己有罪，因为辜负了魏国，又对赵国没有功劳。赵王与魏公子饮酒到天黑，赵王不忍心说出送给他五座城池，因为公子谦让的缘故。赵王把鄗城作为魏公子的汤沐邑。魏国也把魏公子的封地信陵还给他。

不韦立嗣

原文

【周纪五】赧王五十八年（甲辰，前257年）

秦太子之妃曰华阳夫人，无子；夏姬生子异人。异人质于赵；秦数伐赵，赵人不礼之。异人以庶孽①孙质于诸侯，车乘进用不饶②，居处困不得意。

阳翟大贾吕不韦适③邯郸，见之，曰："此奇货可居！"乃往见异人，说曰："吾能大④子之门。"异人笑曰："且自大君之门！"不韦曰："子不知也，吾门待子门而大。"异人心知所谓，乃引与坐，深语。不韦曰："秦王老矣。太子爱华阳夫人，夫人无子。子之兄弟二十余人，子傒有秦国之业，士仓又辅之。子居中，不甚见幸⑤，久质诸侯。太子即位，子不得争为嗣⑥矣。"异人曰："然则奈何？"不韦曰："能立適嗣者，独华阳夫人耳。不韦虽贫，请以千金为子西游，立子为嗣。"异人曰："必如君策，请得分秦国与君共之。"不韦乃以五百金与异人，令结宾客。复以五百金买奇物玩好，自奉而西，见华阳夫人之姊，而以奇物献于夫人，因誉⑦子异人之贤，宾客遍天下，常日夜泣思太子及夫人，曰："异人也以夫人为天！"夫人大喜。不韦因使其姊说夫人曰："夫以色事人者，色衰则爱弛。今夫人爱而无子，不以繁华时蚤自结于诸子中贤孝者，举以为適⑧，即色衰爱弛，虽欲开一言，尚可得乎！今子异人贤，而自知中子不得为適，夫人诚以此时拔之，是子异人无国而有国，夫人无子而有子也，则终身有宠于秦矣。"夫人以为然，承间言⑨于太子曰："子异人绝贤，来往者皆称誉之。"因泣曰："妾不幸无子，愿得子异人立以为子，以托妾身！"太子许之，与夫人刻玉符，约以为嗣，因厚馈遗异人，而请吕不韦傅⑩之。异人名誉盛于诸侯。

注释

①庶孽：即“庶子”，古代指妾媵之子。

②饶：物产丰富，充盈。

③适：去。到。

④大：超过，此处引申为提高。

⑤见幸：被宠幸。

⑥嗣：继承人。

⑦誉：称扬，赞美。

⑧適：通“嫡”，嫡子。

⑨承间言：等待机会说。承：接受，承受，此处引申为“凭借”、“依靠”；间，机会。

⑩傅：辅佐，教导。

译文

秦国太子的妃子叫华阳夫人，没有儿子；夏姬生儿子异人。异人在赵国作人质；秦国多次征讨赵国，赵国人因此不以礼对待他。异人以秦王的庶子的身份在诸侯国作人质，车马及日常用度不充盈，居住窘困，不得志。

阳翟大商人吕不韦到邯郸，见到异人，说：“这个人奇货可居！”于是前往拜见异人，说：“我能够光大您的门庭！”异人笑着说：“暂且光大您的门庭吧！”吕不韦说：“您不知道，我的门庭要靠您的门庭来光大。”异人心中知道他所说的意思，于是邀请他一起坐下，与他深谈。吕不韦说：“秦王老了。太子宠爱华阳夫人，华阳夫人没有儿子。你兄弟二十余人，子傒有秦国大业的条件，又有士仓辅佐他。你排行居中，不怎么被宠爱，长期在诸侯国为人质。太子即位后，你不能争到继承人。”异人说：“既然这样，怎么办呢？”吕不韦说：“能够确立嫡子继承人的，只有华阳夫人。吕不韦虽然贫穷，请允许我用千金为你到西边去游说，立你为继承人。”异人说：“一定像您计划的那样，请允许我能剖分秦国与你共同管理。”吕不韦于是拿五百金给异人，让结交宾客。又用五百金置买奇珍玩物，亲自带着向西去，见到华阳夫人的姐姐，就拿珍宝献给华阳夫人，趁机赞美异人有德行，宾客遍天下，常常日夜哭泣思念太子和华阳夫人，说："异人把夫人当做上天！"华阳夫人很高兴。吕不韦趁机让她姐姐劝说华阳夫人："靠容貌侍奉别人，年老色衰则恩爱流失。现在夫人被宠爱却没有儿子，不趁着青春年华时，早点自己挑选各个儿子中一个贤良孝顺的，推举他作为嫡子，等到年老色衰恩爱流失时，即使想说一句话，还可能吗！现在异人有德行，自己知道排行居中不能为嫡子，夫人如果在这时提拔他，这样儿子异人就从无国变成了有国，夫人从没有儿子变成了有儿子，就会终身在秦国受贵宠。"华阳夫人认为说得很对，等待机会对太子说："儿子异人非常有德行，来往的人都称颂和赞誉他。"又哭着说："我不幸没有生儿子，希望能够将儿子异人立为我的儿子，以托付我的后半生！"太子答应了她，与华阳夫人刻玉符，约定以异人作为继承人，于是用丰厚财物送给异人，并请吕不韦辅佐他。异人的名望声誉盛传于诸侯国。

秦 纪

缩高死国

原文

【秦纪一】庄襄王三年（甲寅，前247年）

蒙骜帅师伐魏，取高都、汲。魏师数败，魏王患之，乃使人请信陵君于赵。信陵君畏得罪[①]，不肯还，诫门下曰："有敢为魏使通者死！"宾客莫敢谏。毛公、薛公见信陵君曰："公子所以重于诸侯者，徒以有魏也。今魏急而公子不恤，一旦秦人克大梁，夷先王之宗庙，公子当何面目立天下乎！"语未卒，信陵君色变，趣[②]驾还魏。魏王持信陵君而泣，以为上将军。信陵君使人求援于诸侯。诸侯闻信陵君复为魏将，皆遣兵救魏。信陵君率五国之师败蒙骜于河外[③]，蒙骜遁走。信陵君追至函谷关，抑之[④]而还。

安陵人缩高之子仕于秦，秦使之守管。信陵君攻之不下，使人谓安陵君曰："君其遣缩高，吾将仕之以五大夫，使为执节尉。"安陵君曰："安陵，小国也，不能必使其民。使者自往请之。"使吏导使者至缩高之所。使者致信陵君之命，缩高曰："君之幸高也，将使高攻管也。夫父攻子守，人之笑也；见臣而下，是倍主也。父教子倍，亦非君之所喜。敢再拜辞！"使者以报信陵君。信陵君大怒，遣使之安陵君所曰："安陵之地，亦犹魏也。今吾攻管而不下，则秦兵及我，社稷必危矣。愿君生束缩高而致之！若君弗致，无忌将发十万之师以造安陵之城下。"安陵君曰："吾先君成侯受诏襄王以守此城也，手授太府之宪[⑤]。宪之上篇曰：'臣弑君，子弑父，有常不赦。国虽大赦，降城亡子不得与焉。'今缩高辞大位以全父子之义，而君曰'必生致之'，是使我负襄王之诏而废太府之宪也，虽死，终不敢行!”缩高闻之曰:“信陵君为人,悍猛[⑥]而自用,此辞必反为国祸。吾已全已,无违人臣之义矣,岂可使吾君有魏患乎!”乃之使者之舍,刎颈而死。信陵君闻之,缟素辟舍[⑦],使使者谢安陵君曰:“无忌,小人也,困于思虑,失信于君,请再拜辞罪!”

注释

①信陵君畏得罪:信陵君留赵事件发生在前257年,因为为救赵而窃取兵符,并杀死了魏国大将晋鄙。

②趣:读cù,急速,赶快。

③河外:依胡三省注,自春秋至战国,魏率以黄河以西为河外。

④抑之:主要是指将秦军抑制在函谷关以西。

⑤太府之宪:太府中所藏的国法。太府,魏国藏图籍之府;宪,法也。

⑥悍猛:凶暴,勇猛。

⑦缟素辟舍:穿着白色的丧服,住在偏僻的厢房里。缟素,白色的衣服;辟舍,偏僻的房舍,指厢房或门房等。

译文

蒙骜率领军队讨伐魏国,夺取高都、汲。魏国军队多次战败,魏王忧愁这件事,于是就派人到赵国延请信陵君魏无忌。信陵君害怕被治罪,不肯返回,告诫手下的宾客说:“有敢为魏国使者通报的处死!”宾客没有人敢劝谏。毛公、薛公拜见信陵君说:“魏公子所以被各诸侯国所尊重,只因为有魏国啊。现在魏国的情况危急,而公子却不怜悯,一旦秦国人攻占大梁,夷平先王的宗庙,公子将以什么脸面立于天下呢!”话还没有说完,信陵君的脸色就变了,赶快驾车返回魏国。魏王握着信陵君的手流泪,让他做上将军。信陵君派人向诸侯国求援。各诸侯国闻听信陵君重新任魏国大将,都派遣军队救援魏国。信陵君率五个诸侯国的军队在黄河以西打败蒙骜,蒙骜逃走。信陵君追到函谷关,抑制秦军才返回。

安陵人缩高的儿子在秦国做官,秦国派他守卫管城。信陵君攻打管城,没有攻下,派使者对安陵君说:“您如果遣送缩高,我将给他五大夫的官职，用他任执节尉。”安陵君说：“安陵是个小国，不能一定使唤动它的民众。使者自己前去邀请他吧。”派一小吏引导使者到缩高的住所。使者转达了信陵君的意图，缩高说：“您宠爱缩高，将让我进攻管城。这样的话，父亲攻城儿子守城，是天下的笑话。儿子见我攻城而投降，是背叛他的国君。父亲教育儿子背叛，也不是您所喜欢的。我冒昧再拜推辞！”使者以此回报信陵君，信陵君大怒，派使者到安陵君住所说：“安陵这个地方也还是魏国的，现在我攻不下管城，那么秦军就来攻打我，魏国一定危险了。希望您活捉缩高送来！如果您不送来，我就将调动十万大军到安陵城下。”安陵君说：“我的先君成侯接受魏襄王的诏令镇守此城，并亲手将太府中的国法给我，国法的上篇说：‘臣弑君，子弑父，有常不赦。国虽大赦，降城亡子不得与焉。’现在缩高推辞高官，以此成全父子的节义，而您却说‘必生致之’，这样做让我违背襄王的诏令并抛弃太府的国法啊，即使去死，最终不敢去做！”缩高听说这件事后说：“信陵君的为人，性情强悍凶猛而且刚愎自用，那些推辞一定反过来给安陵国招祸。我已经保全了自己，没有违背作为人臣的道义，难道可以让我的国君蒙受魏国的祸患吗！”于是到使者的住所，割颈而死。信陵君听说这件事后，素服住到厢房，派使者对安陵君道歉说：“无忌是个小人啊，为思虑所困扰，失信于您，请允许我再拜道歉！”

荆轲刺秦

原文

【秦纪一、二】始皇帝十九年/二十年（甲戌/癸酉，前228年/前227年）

太子闻卫人荆轲之贤，卑辞厚礼①而请见之。谓轲曰："今秦已虏韩王，又举兵南伐楚，北临赵；赵不能支②秦，则祸必至于燕。燕小弱，数困于兵，何足以当秦！诸侯服秦，莫敢合从③。丹之私计愚，以为诚得天下之勇士使于秦，劫秦王，使悉反④诸侯侵地，若曹沫之与齐桓公⑤，则大善矣；则不可，因而刺杀之。彼大将擅兵⑥于外而内有乱，则君臣相疑，以其间，诸侯得合从，其破秦必矣。唯荆卿留意焉！"荆轲许之。于是舍荆卿于上舍⑦，太子日造⑧门下，所以奉养荆轲，无所不至。及王翦灭赵，太子闻之惧，欲遣荆轲行。荆轲曰："今行而无信⑨，则秦未可亲也。诚得樊将军首与燕督亢之地图，奉献秦王，秦王必说见臣，臣乃有以报。"太子曰："樊将军穷困来归丹，丹不忍也！"荆轲乃私见樊於期曰："秦之遇将军，可谓深矣，父母宗族皆为戮没！今闻购将军首，金千斤，邑万家，将奈何？"於期太息流涕曰："计将安出？"荆卿曰："愿得将军之首以献秦王，秦王必喜而见臣，臣左手把其袖，右手揕⑩其胸，则将军之仇报而燕见陵⑪之愧除矣！"樊於期曰："此臣之日夜切齿腐心也！"遂自刎。太子闻之，奔往伏哭，然已无奈何，遂以函盛其首。太子豫求天下之利匕首，使工以药焠⑫之，以试人，血濡缕⑬，人无不立死者。乃装为遣荆轲，以燕勇士秦舞阳为之副，使入秦。

荆轲至咸阳，因王宠臣蒙嘉卑辞以求见；王大喜，朝服，设九宾而见之。荆轲奉图以进于王，图穷而匕首见，因把王袖而揕之；未至身，王惊起，袖绝。荆轲逐王，王环柱而走。群臣皆愕，卒⑭起不意，尽失其度。而秦法，群臣侍殿上者不得操尺寸之兵，左右以手共搏之，且曰："王负剑!”负剑，王遂拔以击荆轲，断其左股。荆轲废，乃引匕首擿[15]王，中铜柱。自知事不就，骂曰：“事所以不成者，以欲生劫之，必得约契以报太子也!”遂体解荆轲以徇[16]。王于是大怒，益发兵诣赵，就王翦以伐燕，与燕师、代师战于易水之西，大破之。

注释

①卑辞厚礼：低声下气准备厚礼。

②支：抗拒，抵御。

③合从：即“合纵”，战国时弱国联合进攻强国。

④反：通“返”，返还。

⑤曹沫之与齐桓公：据《史记·刺客列传》载，当时曹沫任鲁国将军，与齐国作战，打了三次败仗。后来齐桓公与鲁庄公已经在坛上盟誓，随行的曹沫突然手持匕首劫持了齐桓公，齐桓公被逼无奈便将侵夺鲁国的土地还给了鲁国。

⑥擅兵：独揽兵权。

⑦舍荆卿于上舍：把荆轲安排在最好的房间。第一个舍读 shè，作动词用，安置。

⑧日造：每天造访。

⑨信：信物，凭证。

⑩揕：读 zhèn，用刀剑刺。

⑪见陵：被凌辱。见表被动。

⑫焠：读 cuì，即“淬火”，制作刀剑时把烧红了的刀剑浸入水或其他液体中，急速冷却，使之硬化。

⑬血濡缕：流血如丝缕。濡，沾湿，沾染；缕，一丝一缕。

⑭卒：读 cù，通“猝”，突然，仓促。

⑮擿：读 zhì，投掷。

⑯徇：示众。

译文

燕太子丹听说卫国人荆轲有才干，就低声下气准备厚礼请求拜见他。

太子丹对荆轲说："现在秦国已经俘虏了韩王，又举兵向南讨伐楚国，向北进攻赵国。赵国不能抵御秦国，那么祸患一定降临到燕国。燕国小而弱，多次被兵祸所困扰，凭什么才能够抵挡秦国呢！诸侯国归顺秦国，没有敢合纵抗秦。我私下里想，认为如果能得到天下的勇士派他到秦国，劫持秦王，让他全部归还侵夺诸侯国的土地，如同曹沫对于齐桓公，那就太好了；如果不行，就趁势刺杀了他。他的大将带兵在外，而朝内有祸乱，那么君臣互相猜疑，趁着这个时间，诸侯国能够合纵，打败秦国是必然的。希望荆卿留意啊！"荆轲答应了太子。于是太子就把荆轲安排在最好的房间，每天都去造访问安，用来招待荆轲的东西，没有什么不周到，都是最好的。等到王翦灭了赵国，太子闻听后很害怕，想派遣荆轲到秦国。荆轲说："现在去没有什么信物，那么秦王就不能接近。如果能得到樊将军的头和燕国督亢地区的地图，捧着献给秦王，秦王一定高兴见我，我才有机会来报答太子。"太子说："樊将军因为穷困来投靠我，我不忍心呀！"荆轲于是私下拜见樊於期说："秦国人对待樊将军，可以说是太狠毒了，父母宗族都被杀尽！现在听说购求将军的头颅，出千斤金、万户城邑的封赏，将怎么办呢？"樊於期仰天叹息，流着泪说："怎么办才好呢？"荆轲说："希望得到将军的头颅来献给秦王，秦王一定高兴而接见我，我左手抓住他的衣袖，右手刺他的胸部，那么将军的仇可报，并且燕国被欺凌的耻辱也就洗雪了！"樊於期说："这是我日夜切齿痛恨的事！"于是自杀了。太子听说后，急速前往，伏尸而哭，但是已无可奈何，于是用匣子装上樊於期的头。太子事先寻求天下最锋利的匕首，使工匠用毒药焠火，拿来在人身上试用，流血虽然只是如丝缕，人没有不立即死亡的。于是装备这些，遣送荆轲，让燕国的勇士秦武阳做荆轲的副手，让他们进入了秦国。

荆轲到了咸阳，通过秦王的宠臣蒙嘉低声下气地来请求拜见，秦王很高兴，穿着上朝时的礼服，用九宾的礼节接见了他。荆轲捧着地图献给秦王。地图展开到最后，匕首显现出来，荆轲趁势抓住秦王的衣袖而刺去；没有刺到秦王身上，秦王惊恐而起，衣袖挣断了。荆轲追逐秦王，秦王转着柱子跑。群臣都很惊讶，由于事发突然，出人意料，群臣全部失去了应有的气度。而且秦国法律规定，群臣在大殿上侍奉君王不能带一点兵器，秦王的手下用手搏击荆轲，并且喊："大王背着剑！"因为背着剑，秦王于是拔出剑还击荆轲，砍断了荆轲的左腿。荆轲跌倒，就抽出匕首投向秦王，匕首投中铜柱。荆轲知道刺杀秦王的事不能成功，骂道："事情没有成功的原因，因为想活着劫持你，确保得到归还国土的契约来回报太子啊！"于是，荆轲被肢解示众。秦王因此大怒，增派军队到赵国，依随王翦来讨伐燕国，在易水之西与燕军、代师作战，把他们打得大败。

刘邦项羽起兵

原文

【秦纪二】二世皇帝元年（壬辰，前209年）

刘邦，字季，为人隆准、龙颜①，左股有七十二黑子。爱人喜施，意豁如②也；常有大度，不事家人生产作业③。初为泗水亭长，单父人吕公，好相人，见季状貌，奇之，以女妻之。

既而季以亭长为县送徒骊山，徒多道亡。自度比至皆亡之，到丰西泽中亭，止饮，夜，乃解纵④所送徒曰："公等皆去，吾亦从此逝矣！"徒中壮士愿从者十余人。

刘季被酒⑤，夜径泽中，有大蛇当径，季拔剑斩蛇。有老妪哭曰："吾子，白帝子也，化为蛇，当道；今赤帝子杀之！"因忽不见。刘季亡匿于芒、砀山泽之间，数有奇怪；沛中子弟闻之，多欲附者。

及陈涉起，沛令欲以沛应之。掾、主吏萧何、曹参曰："君为秦吏，今欲背之，率沛子弟，恐不听。愿君召诸亡在外者，可得数百人，因劫众，众不敢不听。"乃令樊哙召刘季。刘季之众已数十百人矣；沛令后悔，恐其有变，乃闭城城守，欲诛萧、曹。萧、曹恐，逾城保刘季。刘季乃书帛射城上，遗沛父老，为陈利害。父老乃率子弟共杀沛令，开门迎刘季，立以为沛公。萧、曹等为收沛子弟，得三千人，以应诸侯。

项梁者，楚将项燕子也，尝杀人，与兄子籍避仇吴中。吴中贤士大夫皆出其下。籍少时学书，不成，去；学剑，又不成。项梁怒之。籍曰："书，足以记名姓而已！剑，一人敌，不足学；学万人敌！"于是项梁乃教籍兵法，籍大喜；略知其意，又不肯竟学。籍长八尺余，力能扛鼎⑥，才器过人。会稽守殷通闻陈涉起，欲发兵以应涉，使项梁及桓楚将。是时，桓楚亡在泽中。梁曰："桓楚亡，人莫知其处，独籍知之耳。"梁乃诫籍持剑居外，梁复入，与守坐，曰："请召籍，使受命召桓楚。"守曰："诺。"

梁召籍入。须臾，梁眴[7]籍曰："可行矣！"于是籍遂拔剑斩守头。项梁持守头，佩其印绶。门下[8]大惊，扰乱；籍所击杀数十百人，一府中皆慑伏，莫敢起。梁乃召故所知豪吏，谕以所为起大事，遂举吴中兵，使人收下县，得精兵八千人。梁为会稽守，籍为裨将，徇[9]下县。籍是时年二十四。

注释

①隆准、龙颜：高鼻梁、眉骨突起如龙额。隆准，高鼻子；龙颜，容貌像龙，"龙颜"后来成了皇帝的代称。

②豁如：开朗、阔大的样子。

③生产作业：指农业生产。

④解纵：释放。

⑤被酒：指喝醉酒。

⑥力能扛鼎：形容力气大。扛，读gāng，抗，用双手举起；鼎，三足两耳的青铜器。

⑦眴：读shùn，以目示意，使眼色。

⑧门下：门庭之下。

⑨徇：攻占，占领。

译文

刘邦，字季，有高高的鼻梁、龙的容貌，左大腿长着七十二颗黑痣。对人友爱，喜欢施舍，心胸豁达；平常具有远大的志向，不愿从事平民的农业生产。起初，刘邦任泗水亭长，单父县人吕公，喜好给人相面，观察刘邦的相貌，很惊奇，把女儿嫁给了他。

不久，刘邦以亭长身份替县里押送服劳役的民众到骊山，民众多在途中逃跑。刘邦估计等到了骊山时民众都将逃尽，走到丰乡西的泽中亭时，停下来饮酒，晚上释放了所押送的民众，说："你们都逃走吧，我也从此逃命去了！"民众中愿意跟随他的壮士有十几个人。

刘邦喝醉了酒，走夜路进入丰泽中，有一条大蛇挡住去路，刘邦拔剑斩大蛇。有一老妇哭着说："我的儿子是白帝的儿子啊，变作蛇，挡在路上；现在被赤帝的儿子杀了！"说完忽然不见了。刘邦逃亡后隐藏在芒、砀的山泽间，这里于是常常出现怪异现象；沛地的年轻人听说这件事后，大多想去归附。

等到陈胜起兵，沛县县令打算以沛县响应，县令的属官主吏萧何、狱掾曹参说："您是秦朝官员，现在准备背叛它，率领沛县的年轻人，恐怕他们不听您的。希望您召唤那些逃亡在外的人，可召集几百人，利用他们胁迫民众，民众不敢不听。"县令于是命令樊哙召唤刘邦，刘邦的队伍已经有百十来人了。县令后悔，担心刘邦将发动变乱，就下令关闭城门进行防守，并打算诛杀萧何、曹参。萧、曹二人惶恐之中翻越城墙归附刘邦。刘邦于是在绢帛上写信并用箭射进城内，送给沛县有声望的老人，为他们陈说利害关系。那些老人就率领年轻人一起杀掉了沛县令，打开城门迎接刘邦，拥立他为"沛公"。萧何、曹参等人为刘邦收拢沛县年轻人，得到了三千人，以响应诸侯。

项梁是楚国大将军项燕之子，曾经杀人，与他兄长之子项羽躲避仇家逃到吴中。吴中有才能的士人的本事都比不上项梁。项羽年轻时学习写字，学不成就离开了；学习剑法，又没有学成。项梁恼怒他。项羽说："学习写字，记住名姓罢了！学习剑法，只能抵挡一人，不值得去学；要学那抵抗万人的本事！"因此项梁就教项羽兵法，项羽很高兴；略知兵法大意后，又不肯学到底。项羽身长八尺多，力气大得能举起大鼎，才能、器度超过了常人。会稽郡郡守殷通听到陈胜起兵，准备起兵以响应陈胜，让项梁和桓楚统领军队。这时，桓楚正逃命山泽。项梁说："桓楚逃亡，没有人知道他在什么地方，只有项羽知道他的行踪。"项梁就告诫项羽持剑等候在外面，项梁再次进去与郡守对坐相谈，项梁说："请召见项羽，让他受命去召回桓楚。"殷通说："好。"项梁召唤项羽入内。不一会儿，项梁向项羽使了个眼色说："可以动手了！"因此，项羽就拔剑砍下了殷通的头。项梁拿着郡守的头，持有郡守的官印。郡守门庭之下的侍从护卫们见状非常惊慌、混乱；被项羽所击杀的有百十来人，郡府中的人都恐惧得趴在地上，没有敢起身的。项梁于是召集以前熟识的有势力的豪强官吏，告诉他们起事反秦的道理，于是发动吴中兵起事，派人收拢所属县的兵力，选得精兵八千人。项梁做会稽郡郡守，以项羽为副将，占据了所属各县。项羽此时年仅二十四岁。

郦生智激沛公

原文

【秦纪三】二世皇帝三年（甲午，前207年）

昌邑未下，沛公引兵西过高阳。高阳人郦食其，家贫落魄①，为里监门。沛公麾下骑士适②食其里中人，食其见，谓曰："诸侯将过高阳者数十人，吾问其将皆握龊③，好苛礼，自用，不能听大度之言。吾闻沛公慢而易④人，多大略，此真吾所愿从游，莫为我先⑤。若见沛公，谓曰：'臣里中有郦生，年六十余，长八尺，人皆谓之狂生。生自谓"我非狂生"。'"骑士曰："沛公不好儒，诸客冠儒冠来者，沛公辄解其冠，溲溺其中，与人言，常大骂，未可以儒生说也。"郦生曰："第⑥言之。"骑士从容言，如郦生所诫者。

沛公至高阳传舍⑦，使人召郦生。郦生至，入谒。沛公方倨床⑧，使两女子洗足而见郦生。郦生入，则长揖⑨不拜，曰："足下欲助秦攻诸侯乎，且欲率诸侯破秦也？"沛公骂曰："竖儒⑩！天下同共苦秦久矣，故诸侯相率而攻秦，何谓助秦攻诸侯乎！"郦生曰："必聚徒、合义兵诛无道秦，不宜倨见长者！"于是沛公辍洗，起，摄衣，延郦生上坐，谢之。郦生因言六国从横时。沛公喜，赐郦生食，问曰："计将安出？"郦生曰："足下起纠合之众，收散乱之兵，不满万人；欲以径入强秦，此所谓探虎口者也。夫陈留，天下之冲，四通五达之郊也；今其城中又多积粟。臣善其令，请得使之令下足下；即不听，足下引兵攻之，臣为内应。"于是遣郦生行，沛公引兵随之，遂下陈留；号郦食其为广野君。郦生言其弟商。时商聚少年得四千人，来属沛公，沛公以为将，将陈留兵以从。郦生常为说客，使诸侯。

注释

①落魄：穷困失意。

②适：正好，恰好。

③握龊：通“龌龊”，气量狭窄，拘于小节。

④易：轻视，看不起。

⑤先：先导。

⑥第：副词，只是，只管。

⑦传舍：古时供来往行人居住的旅舍，客舍。

⑧倨床：伸开双腿，坐在床上，形容态度傲慢。

⑨长揖：古时不分尊卑的相见礼，拱手高举，自上而下。

⑩竖儒：骂人的话，指无识见的儒生。

译文

昌邑城没有攻下，沛公刘邦率领军队向西过了高阳。高阳人郦食其，家境贫寒，穷困失意，是里门的看门人。沛公部下一骑兵恰好是郦食其同里的人，郦食其见到他，说：“诸侯的将领路过高阳的有几十人，我考察这些将领都器量狭小，喜好繁文缛礼，刚愎自用，听不进宏大抱负的言论。我听说沛公为人虽然傲慢、轻视人，但多宏图大略，这实在是我愿意结交的人，但没有人为我作前驱引荐。如果见到沛公，对他说：‘我的里中有个郦食其，六十多岁了，高八尺，人们都称他是狂生。他自己说：“我不是狂生。”’”骑兵说：“沛公不喜欢儒生，宾客中戴着儒生帽子来的人，沛公就摘掉他的帽子，在里面撒尿。与人谈话，常常破口大骂。不可用儒生的身份游说他。”郦食其说：“只管告诉他吧。”骑兵如同郦食其所告诫的那样，镇定地转达给了沛公。

沛公到了高阳的客舍，派人召见郦食其。郦食其到后，前去拜谒。沛公正傲慢地坐在坐床上，让两个女子给他洗脚，就这样接见郦食其。郦食其进来，仅行揖礼而不跪拜，说：“您是打算帮助秦朝攻打诸侯呢，还是打算率领诸侯破灭秦朝呢？”沛公骂道：“没见识的儒生！天下的人同受秦朝的苦已经很久了，所以诸侯们才陆续起兵进攻秦朝，怎么说帮助秦朝攻打诸侯呢！”郦食其说：“如果是聚集民众、会合义军讨伐暴虐无道的秦朝，不应当傲慢无礼地接见长者！”于是沛公停止洗脚，起身穿好衣服，邀请郦食其坐上座，向他道歉。郦食其趁势谈起了六国合纵连横时的往事。沛公很高兴，赏赐给郦食其饭吃，并问道："计策将怎么制定呢？"郦食其说："您起事时，纠集一群乌合之众，收拢了散兵游勇，不足一万人；就想凭借这些人径直进攻强秦，这就是所说的用手掏虎口啊！陈留是天下的要冲，四通八达的交通要冲，现在城中又贮存有大量的粮食。我与陈留县令很友善，能够让他向您来投降；他如不听从，您就领兵攻城，我做内应。"于是就派郦食其出发，沛公率军跟随，于是占领了陈留；封郦食其为广野君。郦食其向沛公谈到他的弟弟郦商。当时郦商聚集年轻人，得到四千人，来归附沛公，沛公任命郦商为将军，率领陈留的军队相随。郦食其则常常作为说客，出使各诸侯。

赵高专权惹祸及身

原文

【秦纪三】二世皇帝三年（甲午，前207年）

初，中丞相赵高欲专秦权，恐群臣不听，乃先设验，持鹿献于二世曰："马也。"二世笑曰："丞相误邪，谓鹿为马！"问左右，左右或默，或言马以阿顺赵高，或言鹿者。高因阴中诸言鹿者以法。后群臣皆畏高，莫敢言其过。

高前数言"关东盗无能为也"；及项羽虏王离等，而章邯等军数败，上书请益助。自关以东，大抵尽畔秦吏，应诸侯；诸侯咸率其众西乡。八月，沛公将数万人攻武关，屠之。高恐二世怒，诛及其身，乃谢病，不朝见。

二世梦白虎啮其左骖马，杀之，心不乐，怪问占梦。卜曰："泾水为祟。"二世乃斋于望夷宫，欲祠泾水，沈[①]四白马。使使责让高以盗贼事。高惧，乃阴与其婿咸阳令阎乐及弟赵成谋曰："上不听谏；今事急，欲归祸于吾。欲易置上，更立子婴。子婴仁俭，百姓皆载[②]其言。"乃使郎中令为内应，诈为有大贼，令乐召吏发卒追，劫乐母置高舍。遣乐将吏卒千余人至望夷宫殿门，缚卫令仆射，曰："贼入此，何不止？"卫令曰："周庐设卒甚谨，安得贼，敢入宫！"乐遂斩卫令，直将吏入，行射郎、宦者。郎、宦者大惊，或走，或格[③]；格者辄死，死者数十人。郎中令与乐俱入，射上幄坐帏。二世怒，召左右；左右皆惶扰不斗。旁有宦者一人侍，不敢去。二世入内，谓曰："公何不早告我，乃至于此！"宦者曰："臣不敢言，故得全；使臣早言，皆已诛，安得至今！"阎乐前即二世，数曰："足下骄恣，诛杀无道，天下共畔足下；足下其自为计！"二世曰："丞相可得见否？"乐曰："不可！"二世曰："吾愿得一郡为王。"弗许。又曰："愿为万户侯。"弗许。曰："愿与妻子为黔首[④]，比诸公子。"阎乐曰："臣受命于丞相，为天下诛足下；足下虽多言，臣不敢报！”麾其兵进。二世自杀。阎乐归报赵高。赵高乃悉召诸大臣、公子，告以诛二世之状，曰：“秦故王国；始皇君天下，故称帝。今六国复自立，秦地益小，乃以空名为帝，不可；宜如故，便。”乃立子婴为秦王。以黔首葬二世杜南宜春苑中。

九月，赵高令子婴斋戒，当庙见⑤，受玉玺；斋五日。子婴与其子二人谋曰：“丞相高杀二世望夷宫，恐群臣诛之，乃诈以义立我。我闻赵高乃与楚约，灭秦宗室而分王关中。今使我斋、见庙，此欲因庙中杀我。我称病不行，丞相必自来；来则杀之。”高使人请子婴数辈⑥，子婴不行。高果自往，曰：“宗庙重事，王奈何不行？”子婴遂刺杀高于斋宫，三族高家以徇⑦。

注释

①沈：通“沉”。

②载：记，记载。

③格：抗拒，抵御。

④黔首：战国及秦朝时对平民的称呼。

⑤庙见：庙中参拜祖先。下文中的“见庙”同此义。

⑥数辈：好几批人。数，读 shuò，屡次，多次。

⑦徇：示众。

译文

当初，中丞相赵高想独揽秦朝大权，担心群臣不听命，就预先安排试验，捉住一只鹿献给秦二世说：“这是马啊。”秦二世笑着说：“丞相弄错了，说鹿是马呢！”询问左右的大臣，群臣有的沉默，有的说是马以顺从赵高，有的说是鹿。赵高趁机暗中陷害那些说是鹿的人，用法律惩治。后来群臣都畏惧赵高，没有人敢说他的过错。

赵高以前曾多次说“函谷关以东的盗贼无所作为”；等到项羽俘虏王离等人，而章邯等人的军队多次失败，上书请求援助。自函谷关以东，大都背叛了秦朝官吏，响应诸侯；诸侯都率领其部众向西进攻。八月，刘邦率数万人攻打武关，并进行屠城。赵高害怕秦二世发怒，惩罚及于自身，就托病不出，不朝见。

秦二世梦见白虎咬他的左骖马，将马咬死，心中不高兴，感到奇怪就问占梦的人。卜人说："是泾水神在作祟。"秦二世于是在望夷宫斋戒，想祭祀泾水神，将四匹白马沉入泾水中。派遣使者用盗贼的事情责备赵高。赵高害怕，就暗中与他的女婿咸阳令阎乐和他的弟弟赵成商议说："皇上不听劝谏；现在情势危急，想嫁祸于我。我打算更立皇上，改立子婴。子婴是个仁爱俭朴的人，百姓们都记着他说的话。"就派遣郎中令作为内应，谎称有强盗，让阎乐召集官吏、征发士兵追捕，劫持阎乐的母亲安置到赵高居室。派遣阎乐率领小吏和士兵一千余人到望夷宫殿门前，捆绑卫令仆射，说："盗贼进里面去了，为什么不阻止呢？"卫令仆射说："周围房舍布置士兵非常严密，怎么能有盗贼闯入宫中呢！"阎乐就斩杀了卫令，径直率领小吏闯进官，边走边射杀郎官和宦官。郎官、宦官非常惊慌，有的逃跑，有的抵抗；抵抗者立即被杀死，死的人有几十个。郎中令和阎乐一起闯入，用箭射向秦二世的篷帐、帷帐。秦二世大怒，召唤左右的卫士，卫士都恐惧、慌乱，不敢格斗。秦二世身旁有宦官一人服侍着，不敢离开。秦二世进入内室对宦官说："你为什么不早告诉我呀，竟然到了这个地步！"宦官说："我不敢说，所以能够保全性命；假使我早说了，都被杀掉了，哪里能活到今日！"阎乐上前接近秦二世，指责说："您骄横放纵，滥杀不近情理，天下人都背叛了您，您还是为自己打算吧！"秦二世说："可以见到丞相吗？"阎乐说："不行！"秦二世说："我希望得到一个郡称王。"阎乐没有应允。秦二世又说："希望做万户侯。"阎乐又不应允。秦二世说："希望与妻子儿女做平民百姓，像各位公子那样。"阎乐说："我接受丞相的命令，为天下百姓诛杀您，您即便说得再多，我也不敢禀告！"指挥他的兵士上前。秦二世自杀。阎乐返回报告赵高，赵高就全部召集诸位大臣、公子，将诛杀二世的情状告诉他们，并说："秦本是个王国，始皇帝统一天下，因此称帝。现在六国又各自独立，秦的国土更加小，仍用空名称帝，不可以。应像过去那样称王才合适。"于是立子婴为秦王，用平民的身份埋葬秦二世在杜县南的宜春苑中。

九月，赵高让子婴斋戒，到宗庙参拜祖先，接受皇帝的玉玺；斋戒五天。子婴与他的两个儿子商量说："丞相赵高在望夷宫杀了二世皇帝，害怕群臣杀他，就假装用礼义拥立我。我听说赵高曾经与楚约定，除尽秦的宗室之后，在关中分别称王。现在让我斋戒，宗庙参拜，这是打算趁朝见宗庙之机杀了我。我称病不去，丞相一定亲自来，来了就杀掉他。”赵高派了几批人请子婴，子婴不去。赵高果然亲自前往，说：“参拜宗庙是大事，大王为什么不去啊?”子婴就在斋宫刺杀了赵高，并杀赵高家三族以示众。

汉 纪

刘邦约法三章

原文

【汉纪一】高帝元年（乙未，前206年）

沛公西入咸阳，诸将皆争走金帛财物之府分之；萧何独先入收秦丞相府图籍藏之，以此沛公得具知天下厄塞、户口多少、强弱之处。沛公见秦宫室、帷帐、狗马、重宝、妇女以千数，意欲留居之。樊哙谏曰：“沛公欲有天下耶，将为富家翁耶？凡此奢丽之物，皆秦所以亡也，沛公何用焉！愿急还霸上，无留宫中！”沛公不听。张良曰：“秦为无道，故沛公得至此。夫为天下除残贼，宜缟素为资①。今始入秦，即安其乐，此所谓‘助桀为虐’。且忠言逆耳利于行，毒药苦口利于病，愿沛公听樊哙言！”沛公乃还军霸上。

十一月，沛公悉召诸县父老、豪桀②，谓曰：“父老苦秦苛法久矣！吾与诸侯约，先入关者王之；吾当王关中。与父老约，法三章耳：杀人者死，伤人及盗抵罪。馀悉除去秦法，诸吏民皆案堵③如故。凡吾所以来，为父老除害，非有所侵暴，无恐！且吾所以还军霸上，待诸侯至而定约束④耳。”乃使人与秦吏行县、乡、邑，告谕之。秦民大喜。争持牛、羊、酒食献飨军士。沛公又让⑤不受，曰：“仓粟多，非乏，不欲费民。”民又益喜，唯恐沛公不为秦王。

注释

①宜缟素为资：应该以朴素为本。缟素，素色的衣服。

②豪桀：即豪杰。

③案堵：通“安堵”，定居，安定。

④约束：规定，规章。

⑤让：辞让。

译文

沛公向西进入咸阳城，诸位将领都争相奔向藏有金帛财宝的府库分财物；萧何独自先进入秦丞相府收拢秦朝的地图、户籍并藏起来，凭借这些图书典籍，沛公详细了解了天下重要的关口、人口的多少、财力强弱的分布。沛公看到秦朝的宫室、帷帐、猎狗奔马、贵重的宝物和数以千计的嫔妃美女，心里想留下来居住在内。樊哙劝谏说：“沛公想占有天下呢，还是想成为富翁呢？所有这些奢侈豪华的物品，都是秦朝灭亡的原因啊，沛公怎能用呢！希望赶快返回霸上，不要留在宫中！”刘邦不听。张良说：“秦朝施政无道，所以沛公能够到这里。况且替天下人铲除残害百姓的奸贼，应该以朴素为本。现在刚刚进入秦地，就安逸享乐，这就是所说的‘助桀为虐’啊。况且忠言逆耳利于行，毒药苦口利于病，希望沛公听樊哙的话！”沛公于是率军返回霸上。

十一月，刘邦把各县的有声望的老人、豪杰都召集起来，对他们说：“父老苦于秦朝的严酷刑法已经很久了！我与诸侯约定，先攻入函谷关的人称王；我应当称王关中了。我和大家约法三章：杀人的人要处死，伤人的人和偷盗的人要依法治罪。其他秦朝的法律一律废黜，各个官员和百姓都像过去一样安定不动。我来到这里的原因，是替你们除残去害的，不是来侵扰欺侮你们的，不要害怕！况且我率领部队还军霸上，是等待诸侯的到来，签订一个共同遵守的规章罢了。”于是派人和秦朝的官员一起到各县各乡各镇去巡行，告诉他们。秦地的民众都很高兴。争着拿牛、羊、酒食来慰问犒劳刘邦的军队。沛公一再推让，不肯接受，说：“仓库中的粮食多得很，不缺粮，不想烦劳民众。”民众又更加高兴，唯恐沛公不做秦王。

鸿门之宴

原文

【汉纪一】高帝元年（乙未，前206年）

或说沛公曰："秦富十倍天下，地形强。闻项羽号章邯为雍王，王关中，今则[①]来，沛公恐不得有此。可急使兵守函谷关，无内[②]诸侯军；稍征关中兵以自益，距[③]之。"沛公然其计，从之。

已而项羽至关，关门闭；闻沛公已定关中，大怒，使黥布等攻破函谷关。十二月，项羽进至戏。沛公左司马曹无伤使人言项羽曰："沛公欲王关中，令子婴为相，珍宝尽有之。"欲以求封。项羽大怒，飨士卒，期旦日击沛公军。当是时，项羽兵四十万，号百万，在新丰鸿门；沛公兵十万，号二十万，在霸上。

范增说项羽曰："沛公居山东时，贪财，好色；今入关，财物无所取，妇女无所幸，此其志不在小。吾令人望其气，皆为龙虎，成五采，此天子气也。急击勿失！"

楚左尹项伯者，项羽季父也，素善张良，乃夜驰之沛公军，私见张良，具告以事，欲呼与俱去，曰："毋俱死也！"张良曰："臣为韩王送沛公；沛公今有急，亡去，不义，不可不语。"良乃入，具告沛公。沛公大惊。良曰："料[④]公士卒足以当项羽乎？"沛公默然曰："固不如也。且为之奈何？"张良曰；"请往谓项伯，言沛公之不敢叛也。"沛公曰："君安与项伯有故？"张良曰："秦时与臣游，尝杀人，臣活之。今事有急，故幸来告良。"沛公曰："孰与[⑤]君少长？"良曰："长于臣。"沛公曰："君为我呼入，吾得兄事之。"张良出，固要[⑥]项伯；项伯即入见沛公。沛公奉卮酒为寿，约为婚姻[⑦]，曰："吾入关，秋毫不敢有所近，籍吏民，封府库而待将军。所以遣将守关者，备他盗之出入与非常也。日夜望将军至，岂敢反乎！愿伯具言臣之不敢倍德[⑧]也。"项伯许诺，谓沛公曰："旦日不可不蚤[9]自来谢。”沛公曰：“诺。”于是项伯复夜去，至军中，具以沛公言报项羽；因言曰：“沛公不先破关中，公岂敢入乎！今人有大功而击之，不义也；不如因善遇之。”项羽许诺。

沛公旦日从百余骑来见项羽鸿门，谢曰：“臣与将军戮力而攻秦，将军战河北，臣战河南；不自意能先入关破秦，得复见将军于此。今者有小人之言，令将军与臣有隙。”项羽曰：“此沛公左司马曹无伤言之；不然，籍何以至此！”项羽因留沛公与饮。范增数目项羽，举所佩玉玦以示之者三；项羽默然不应。范增起，出，召项庄，谓曰：“君王为人不忍。若入前为寿，寿毕，以剑舞，因击沛公于坐，杀之。不者，若属[10]皆且为所虏！”庄则入为寿，寿毕，曰：“军中无以为乐，请以剑舞。”项羽曰：“诺。”项庄拔剑起舞。项伯亦拔剑起舞，常以身翼蔽沛公，庄不得击。

于是张良至军门见樊哙。哙曰：“今日之事何如？”良曰：“今项庄拔剑舞，其意常在沛公也。”哙曰：“此迫[11]矣，臣请入，与之同命！”哙即带剑拥盾入。军门卫士欲止不内，樊哙侧其盾以撞，卫士仆地。遂入，披帷立，瞋目视项羽，头发上指，目眦尽裂。项羽按剑而跽[12]曰：“客何为者？”张良曰：“沛公之参乘樊哙也。”项羽曰：“壮士！赐之卮酒！”则与斗卮酒。哙拜谢，起，立而饮之。项羽曰：“赐之彘肩！”则与一生彘肩。樊哙覆其盾于地，加彘肩其上，拔剑切而啖之。项羽曰：“壮士能复饮乎？”樊哙曰：“臣死且不避，卮酒安足辞！夫秦有虎狼之心，杀人如不能举，刑人如恐不胜；天下皆叛之。怀王与诸将约曰：‘先破秦入咸阳者，王之。’今沛公先破秦入咸阳，豪毛不敢有所近，还军霸上以待将军。劳苦而功高如此，未有封爵之赏，而听细人之说，欲诛有功之人，此亡秦之续耳，窃为将军不取也！”项羽未有以应，曰：“坐！”樊哙从良坐。

坐须臾，沛公起如厕，因招樊哙出。沛公曰：“今者出，未辞也，为之奈何？”樊哙曰：“如今人方为刀俎，我方为鱼肉，何辞为！”于是遂去。鸿门去霸上四十里，沛公则置车骑，脱身独骑；樊哙、夏侯婴、靳强、纪信等四人持剑、盾步走，从骊山下道[13]芷阳，间行趣霸上。留张良使谢项羽，以白璧献羽，玉斗与亚父。沛公谓良曰：“从此道至吾军，不过二十里耳。度[14]我至军中，公乃入。”沛公已去，间至军中，张良入谢曰：“沛公不胜杯杓，不能辞，谨使臣良奉白璧一双，再拜献将军足下；玉斗一双，再拜奉亚父足下。”项羽曰：“沛公安在？”良曰：“闻将军有意督过之，脱身独去，已至军矣。”项羽则受璧，置之坐上。亚父受玉斗，置之地，拔剑撞而破之，曰：“唉，竖子⑮不足与谋！夺将军天下者，必沛公也。吾属今为之虏矣！”沛公至军，立诛杀曹无伤。

注释

①则：表假设，相当于“假如”。

②内：通“纳”，后文“军门卫士欲止不内”中“内”同。

③距：通“拒”。

④料：料想，估计。

⑤孰与：与……比谁更怎么样。

⑥固要：坚持邀请。要，通“邀”。

⑦婚姻：儿女亲家。

⑧倍德：背信弃义。倍，通“背”，背弃。

⑨蚤：通“早”。

⑩若属：你们这些人。

⑪迫：危急。

⑫跽：长跪，挺直上身两膝着地。

⑬道：取道。

⑭度：读 duó，估计，揣测。

⑮竖子：小子，对人的蔑称。

译文

有人劝沛公说：“秦地富裕十倍于天下其他诸侯，地理形势优越。听说项羽给章邯以雍王的封号，自己称王关中，现在如果项羽入关，沛公恐怕不能拥有关中了。应该赶快派兵把守函谷关，不要接纳各诸侯的军队；逐步征用关中兵以壮大自己的力量，抗拒各诸侯的大军。”沛公认为这个计策是正确的，听从了劝说。

不久，项羽率军到了函谷关，关门紧闭。听说沛公已经平定了关中，项羽很生气，派遣黥布等人率军攻破函谷关。十二月，项羽率军到了戏。

刘邦的左司马曹无伤派人对项羽说："沛公想称王关中，使子婴为丞相，珍玩珠宝全都占有了。"想借此求得封赏。项羽非常恼怒，便犒赏军队，约定第二天去攻打沛公的军队。正当这时，项羽有军队四十万，号称一百万，在新丰鸿门驻扎；沛公有军队十万，号称二十万，在霸上驻守。

范增劝说项羽："沛公驻扎在崤山以东时，贪财好色；现在入了函谷关，财物没有掠取，美女也不宠幸了，这说明他的志向不在小事上。我派人看过他的云气，都是龙虎的形状，呈现五种色彩，这是天子的气象啊，赶快进攻不要失掉机会！"

楚国的左尹项伯是项羽的叔父，一向与张良交好，于是连夜骑马奔驰到沛公的军营，私下里见到张良，把这些事详细地告诉他，想叫张良与他一起离开。说："不要和沛公一起送死啊！"张良说："我替韩王护送沛公；沛公现在有了危急，逃跑离开是不道义的，不能不告诉他。"张良于是进入营帐内，把所有的情况都告诉给了刘邦。刘邦大惊失色。张良说："估计您的兵力完全可以抵挡项羽吗？"沛公沉默不语，说："本来就比不上啊。可该怎么办呢？"张良说："请允许我前去告诉项伯，说沛公不敢背叛项羽。"沛公说："你怎么和项伯有交情？"张良说："秦朝时，项伯和我结交，他曾经杀了人，我使他活下来。现在情况紧急，所以特意来告诉我。"沛公说："项伯与你谁年龄大？"张良说："项伯比我大。"沛公说："你替我把项伯招呼进来，我要以兄长侍奉他。"张良出去，坚持邀请项伯，项伯就进到营帐内见了沛公。沛公捧着酒杯为项伯祝寿，又结成了儿女亲家。沛公说："我进入函谷关，连秋毫那样细小的东西都没敢动，登记好了官民的户籍，查封了各类府库，而等待将军的到来。我派遣将领把守函谷关的原因，是为了防备其他盗贼的窜入和意外的变故发生。我们日夜盼望着项将军的到来，哪里敢谋反哪！希望项伯详细地告诉项将军，说我决不会背信弃义的。"项伯答应了，对沛公说："明天不可不早些亲自来道歉。"刘邦说："好。"于是项伯又连夜离开，回到了军营中，把沛公的话全都向项羽汇报了，趁机说："沛公不先攻破关中，大王怎么敢入关呢？现在人家有大功反而要攻打他，不道义啊，不如趁势好好对待他。"项羽答应了。

沛公第二天带领百余名骑兵来到鸿门拜见项羽，道歉说："我与将军齐心协力攻打秦军，将军转战黄河北，我征战黄河南；但我没有想到能先入关攻破秦朝，能够在这里又见到您。如今有小人说了坏话，使得将军与我之间产生了误会。”项羽说：“这是沛公的左司马曹无伤说的，不这样的话，我怎么会这样!”项羽于是留下沛公喝酒。范增多次使眼色暗示项羽，再三举起自己所佩戴的玉玦向项羽示意，项羽沉默不应。范增站起身，出去召来项庄，对他说：“君王为人心肠太软，你进去上前敬酒祝寿，敬完酒，请求舞剑助兴，趁机刺向沛公于座位上，杀死他。不这样的话，你们这些人都将被他俘虏!”项庄就进入营帐敬酒祝寿。敬酒祝寿完毕，说：“军营中没有什么可以娱乐的，请允许我来舞剑吧。”项羽说：“好。”项庄就拔出剑舞动起来。项伯也拔剑起舞，常常用身体掩护沛公，项庄不能袭击沛公。

在这个时候，张良来到军门，见到樊哙。樊哙问道：“今天的事情怎么样了?”张良说：“现在项庄拔剑起舞，他的意图常常是指向沛公的。”樊哙说：“这情况太紧急了，我请求进去，和沛公生死与共!”樊哙立刻带着剑拿着盾去闯军门。军门的卫士想阻止他，不让他进去，樊哙用盾牌侧身一撞，卫士跌倒在地。樊哙就冲进营帐内，揭开帷幕在一旁站立，睁圆眼睛怒视项羽，头发都竖起来，眼眶快要开裂了。项羽用手握住宝剑，直起身子说：“客人是干什么的?”张良说：“这是沛公的骖乘樊哙。”项羽说：“壮士啊！赏他一杯酒!”就给他一大杯酒。樊哙跪地拜谢，站起身，一饮而尽。项羽说：“赏他一条猪腿!”就给他一条生猪腿。樊哙把盾牌扣在地上，把猪腿放在盾牌上，拔出剑切割猪腿上的肉吃。项羽说：“壮士还能饮酒吗?”樊哙说：“我死都不躲避，一杯酒还用推辞吗！那秦王有虎狼一样凶狠的心，杀人好像唯恐杀不完，加刑于人好像唯恐用不尽；天下的人都背叛了他。怀王与各位将军约定说：‘先攻破秦地进入咸阳的，让他在关中为王。’现在沛公先攻破秦地，进入咸阳，连毫毛那么细小的东西都不敢靠近，把军队撤到霸上驻扎，等待将军您的到来。如此劳苦功高，没有得到封爵的奖赏，您却听取小人的谗言，要杀害有功的人，这是已经灭亡了的秦朝的继续罢了，我私下里认为将军不应该采取这种做法!”项羽没有话回应，说：“坐下!”樊哙挨着张良坐下。

坐了一会儿，沛公起身上厕所，趁机招呼樊哙出去。沛公说：“现在出来就走，没有告辞，怎么办?”樊哙说：“现在人家好比是菜刀和砧板，我们好像是鱼和肉，还告辞什么!”于是就离开鸿门而去。鸿门距离霸上四十里，沛公就扔下车马，独自骑马脱身离去；樊哙、夏侯婴、靳强、纪信等四个人手持刀剑、盾牌跑步跟随，从骊山脚下取道芷阳，抄小路赶回霸上。留下张良让他去向项羽辞别。把白璧献给项羽，把玉斗献给亚父范增。沛公对张良说：“从这条路到我们军营中，不过二十里罢了。估计我回到军营中，你就可以进去辞谢。”刘邦已经离开鸿门，抄小路回到了军营中，张良走进营帐道歉说：“沛公不胜酒力，不能来辞别，谨让臣下张良奉上一双白璧恭敬地献给将军；一双玉斗，恭敬地献给亚父。”项羽说：“沛公在哪里?”张良说：“听说将军有意责怪他，脱身独自一人回去，现在已经回到军营了。”项羽就接受了白璧，把它放在座位上。亚父接过玉斗，掷在地上拔出剑来击碎了，说：“唉，项羽这小子不值得与他共谋大事！夺取将军天下的人，一定是沛公啊。我们这些人现在都要被他俘虏了!”沛公回到军营中，立刻诛杀了曹无伤。

韩信为将

原文

【汉纪一】高帝元年（乙未，前206年）

初，淮阴人韩信，家贫，无行[①]，不得推择为吏，又不能治生商贾[②]，常从人寄食饮，人多厌之。信钓于城下，有漂母见信饥，饭信[③]。信喜，谓漂母曰："吾必有以重报母。"母怒曰："大丈夫不能自食；吾哀王孙[④]而进食，岂望报乎！"淮阴屠中少年有侮信者曰："若虽长大，好带刀剑，中情怯耳。"因众辱之曰："信能死，刺我[⑤]；不能死，出我袴下！"于是信孰视之，俛[⑥]出袴下，蒲伏[⑦]。一市人皆笑信，以为怯。

及项梁渡淮，信杖剑从之；居麾下，无所知名。项梁败，又属项羽，羽以为郎中；数以策干羽[⑧]，羽不用。汉王之入蜀，信亡楚归汉，未知名。为连敖[⑨]，坐当斩；其辈十三人皆已斩，次至信，信乃仰视，适见滕公[⑩]，曰："上不欲就天下乎？何为斩壮士？"滕公奇其言，壮其貌，释而不斩。与语，大说之，言于王。王拜以为治粟都尉，亦未之奇也。

信数与萧何语，何奇之。汉王至南郑，诸将及士卒皆歌讴思东归，多道亡者。信度何等已数言王，王不我用，即亡去。何闻信亡，不及以闻，自追之。人有言王曰："丞相何亡。"王大怒，如失左右手。居一二日，何来谒王。王且怒且喜，骂何曰："若亡，何也？"何曰："臣不敢亡也，臣追亡者耳。"王曰："若所追者谁？"何曰："韩信也。"王复骂曰："诸将亡者以十数，公无所追。追信，诈也！"何曰："诸将易得耳。至如信者，国士[⑪]无双。王必欲长王汉中，无所事信；必欲争天下，非信无可与计事者。顾王策安所决耳！"王曰："吾亦欲东耳，安能郁郁[⑫]久居此乎！"何曰："计必欲东，能用信，信即留；不能用信，终亡耳。"王曰："吾为公以为将。"何曰："虽为将，信不留。"王曰："以为大将。"何曰："幸甚！"于是王欲召信拜之。何曰："王素慢无礼。今拜大将，如呼小儿，此乃信所以去也。王必欲拜之，择良日，斋戒，设坛场，具礼，乃可耳。”王许之。诸将皆喜，人人各自以为得大将。至拜大将，乃韩信也，一军皆惊。

注释

①无行：品行不好。“行”读 xìng。

②治生商贾：做买卖来维持生活。

③饭信：给韩信饭吃。

④王孙：古代贵族子弟的通称。

⑤信能死，刺我：韩信，你不怕死就用刀剑刺死我。

⑥俛：读 fǔ，俯下身子。

⑦蒲伏：即“匍匐”。

⑧数以策干羽：多次献计向项羽谋求功名。数，多次；干，求取。

⑨连敖：战国时楚国官名，执掌民族事务，接待采访的宾客等。

⑩滕公：即夏侯婴，初从刘邦为滕令，故号滕公。

⑪国士：国家的奇士。

⑫郁郁：忧伤，沉闷。

译文

当初，淮阴人韩信，家里贫穷，没有好的品行，既不能被推选为小吏，又不会做买卖来维持生活，经常跟随熟人到家里混吃闲饭，人们大多很厌恶他。一天，韩信在城下河里钓鱼，有一个漂洗衣物的妇人看到韩信忍饥挨饿，就拿饭给他吃。韩信很高兴，就对漂洗衣物的妇女说：“我将来一定要重重地报答您！”妇人恼怒地说：“大丈夫不能养活自己；我是可怜你这个公子才给你饭吃，难道希望你报答吗！”淮阴城里有一个年轻屠户侮辱韩信说：“你虽然又高又大，喜欢带刀佩剑，实际上你内心胆小得很。”趁机当众侮辱他说：“韩信，你要不怕死就用刀剑刺死我；怕死的话，就从我裤裆下爬过去！”于是韩信就仔细地打量了那个人一番，俯下身子从那人裤裆下爬过去。满街市的人都讥笑韩信，认为他很胆怯。

等到项梁率军渡过了淮河，韩信带着刀剑跟随他；在项梁的旗帜下作战，没有什么名气。项梁失败后，他又投靠项羽，项羽任用他为郎中；韩信多次向项羽进献计策来求取功名，项羽都没有采用。汉王到蜀地时，韩信就逃离楚王归顺汉王，仍然默默无名。他担任连敖官，因犯罪应当斩首；同案犯十三个人都已经被斩首，轮到韩信，韩信于是抬头仰视，刚好看到滕公夏侯婴，韩信就说："大王不是要谋求天下吗，他为什么要杀壮士呢?"滕公惊奇于他的话，感到他的容貌很雄壮，就释放了他不杀；和他交谈后，非常高兴，就说给汉王。汉王让他担任治粟都尉，也没有发现他有什么奇特之处。

韩信多次和萧何谈话，萧何很赏识他。汉王到达南郑时，诸位将领和士兵都唱着感伤的歌，想要东归回乡，很多人在途中逃走。韩信揣度萧何等人已经多次向汉王说过他，汉王不用自己，就逃走了。萧何听说韩信逃走，来不及让汉王知道，就亲自追赶韩信。有人对汉王说："丞相萧何逃跑了。"汉王非常恼怒，好像失去了左右手一样。经过一两天，萧何回来拜见汉王。汉王既生气又高兴，骂萧何说："你逃跑了，为什么呀?"萧何说："我不敢逃走，我是追那逃走的人罢了。"汉王说："你所追的人是谁?"萧何说："是韩信。"汉王又骂道："诸位将领逃走了几十个，你都不追。追韩信，骗我吧！"萧何说："诸位将领容易得到，至于像韩信这样的人，是天下独一无二的杰出人物。大王如果希望长久称王汉中，那就不必任用韩信；如果希望夺取天下，不用韩信没有可以与您一起谋划大事的人。看大王的谋略如何决定了！"汉王说："我也希望向东进攻，怎么能够内心苦闷地长久停留在这里呢！"萧何说："考虑一定要向东进攻，能够重用韩信，韩信就能留下来；不能重用韩信，他最终会逃跑的。"汉王说："我为了您任命他为将。"萧何说："即使任命他为将，韩信不会留下来。"汉王说："任命他为大将。"萧何说："非常好！"于是汉王要召见韩信，拜他为大将。萧何说："大王一向对人简慢不讲礼节，如今任命大将军就像呼喊小孩儿一样，这就是韩信要离开的原因啊。大王如果要任命他，就要选择个良辰吉日，沐浴斋戒，在广场上设个高坛，准备好拜将的礼仪，才行啊。"汉王答应了他。诸位将领都很高兴，每个人都自认为要被任命为大将。等到了任命大将的时候，被任命的却是韩信，一军将士都很吃惊。

垓下之役

原文

【汉纪三】高帝五年（己亥，前202年）

十二月，项王至垓下，兵少，食尽，与汉战不胜，入壁[①]；汉军及诸侯兵围之数重。项王夜闻汉军四面皆楚歌，乃大惊曰："汉皆已得楚乎？是何楚人之多也！"则夜起，饮帐中，悲歌慷慨，泣数行下；左右皆泣，莫能仰视。于是项王乘其骏马名骓，麾下壮士骑从者八百余人，直夜，溃围南出驰走。平明[②]，汉军乃觉之，令骑将灌婴以五千骑追之。项王渡淮，骑能属者才百余人。至阴陵，迷失道，问一田父[③]，田父绐[④]曰："左。"左，乃陷大泽中，以故汉追及之。

项王乃复引兵而东，至东城，乃有二十八骑；汉骑追者数千人。项王自度不得脱，谓其骑曰："吾起兵至今，八岁矣；身七十余战，未尝败北，遂霸有天下。然今卒困于此，此天之亡我，非战之罪也！今日固决死，愿为诸君快战，必溃围，斩将，刈[⑤]旗，三胜之，令诸君知天亡我，非战之罪也。"乃分其骑以为四队，四乡。汉军围之数重。项王谓其骑曰："吾为公取彼一将。"令四面骑驰下，期[⑥]山东为三处。于是项王大呼驰下，汉军皆披靡，遂斩汉一将。是时，郎中骑杨喜追项王，项王瞋目而叱之，喜人马俱惊，辟易[⑦]数里。项王与其骑会为三处，汉军不知项王所在，乃分军为三，复围之。项王乃驰，复斩汉一都尉，杀数十百人。复聚其骑，亡其两骑耳。乃谓其骑曰："何如？"骑皆伏曰："如大王言！"

于是项王欲东渡乌江，乌江亭长檥[⑧]船待，谓项王曰："江东虽小，地方千里，众数十万人，亦足王也。愿大王急渡！今独臣有船，汉军至，无以渡。"项王笑曰："天之亡我，我何渡为！且籍与江东子弟八千人渡江而西，今无一人还；纵江东父兄怜而王我，我何面目见之！纵彼不言，籍独不愧于心乎！"乃以所乘骓马赐亭长，令骑皆下马步行，持短兵接战。独籍所杀汉军数百人，身亦被[9]十余创。顾见汉骑司马吕马童，曰："若非吾故人乎？"马童面之，指示[10]中郎骑王翳日："此项王也。"项王乃曰："吾闻汉购我头千金，邑万户，吾为若德[11]。"乃自刎而死。王翳取其头；馀骑相蹂践争项王，相杀者数十人；最其后，杨喜、吕马童及郎中吕胜、杨武各得其一体；五人共会其体，皆是，故分其户[12]，封五人皆为列侯。

注释

①壁：军营。

②平明：天亮的时候，清晨。

③田父：种田人。

④绐：读 dài，哄骗，欺骗。

⑤刈：读 yì，割，砍。

⑥期：约定。

⑦辟易：避开，退避。辟，读 bì。

⑧檥：通"舣"，船靠岸。

⑨被：遭受。

⑩指示：指给……看。

⑪德：恩惠。

⑫户：这里指封地。

译文

十二月，项王率军到了垓下，军队少了，粮食也吃完了，与汉军交战不能取胜，退回军营。汉军和其他诸侯的军队把他们包围了好几重。项王夜里听到四周的汉军将士都在唱楚地的歌谣，于是就很吃惊地说："难道汉军已经全部占领了楚地吗？为什么楚人有这么多啊！"项王就晚上起来，在营帐里喝酒，慷慨悲歌，泪水流了一行又一行；手下的人都哭了，没人敢抬头看他。在这时候，项王骑上那匹叫骓的骏马，带领着手下骑马跟随他的壮士八百多人，趁着夜色突破重围向南奔驰。天亮后，汉军才发觉，派骑将灌婴率领五千骑兵追击项王。项王渡过淮河，骑士能跟上他的只有一百多人。到了阴陵，迷了路，就问一个农夫，农夫欺骗他说："向左边走。”他们向左走，就陷进大沼泽里，因此汉军追上了他们。

项王于是又带领军队向东，到了东城，只剩下二十八个人；汉军骑兵追赶上来的有几千人。项王自己估计不能逃脱，对他的骑兵说：“我起兵至今有八年了；亲自打了七十多仗，未曾有过败绩，终于称霸天下。但是现在最终受困于此，这是天要亡我，不是仗打得不好的罪过啊！现在一定要决一死战，愿意为大家痛快地打一仗，一定冲破包围，斩杀敌将，砍倒他们的旗杆，取得这三个胜利，让你们明白是天要亡我，不是仗打得不好啊。”于是把剩下的骑士分成四队，面对四个方向。汉军将他们包围了好几重。项王对他的骑士说：“我给你们斩杀汉军的一个将领。”让骑士从四面奔驰而下，约定在山的东面三个地方集合。这时，项王大声喊着奔驰而下，汉军都望风披靡，于是就斩杀了汉军的一个将领。当时，汉将郎中骑杨喜追赶项王，项王瞪大眼睛大喝一声，杨喜的人马都受了惊吓，后退了好几里。项王和他的骑士在三个地方会合。汉军不知道项王在哪里，就把部队分为三路，再次包围上来。项王就纵马迎上，又斩杀了汉军一名都尉，杀死百十来人；再次集合他的骑士，只损失两个人。项王就对他的骑士说：“怎么样?”骑士们都佩服得五体投地，说：“正像大王说的那样!”

这时项王打算东渡乌江，乌江的亭长把船靠在岸边等着，对项王说：“江东虽然小，地域方圆一千里，民众几十万人，也足够称王了。希望大王赶快渡江！现在只有我有船，汉军追上来，就没法渡江了。”项王笑着说：“这是天要亡我，我还渡乌江干什么！况且当年我与江东子弟八千人渡过乌江挥师向西，现在没有一个人回来；即使江东父老怜悯我，让我做王，我有什么脸面去见他们！就是他们不说，我项羽心里难道没有愧疚吗！”于是项王把自己骑的骓马赏赐给亭长，让骑士们都下马步行，手持短兵器与汉军交战。仅项王自己杀死的汉军就有几百人，身上也有十多处受伤。项王回头看见汉军的骑司马吕马童，就说：“你不是我的老相识吗?”马童面对项王，指给中郎骑王翳说：“这就是项王啊!”项王就说：“我听说汉王用千斤金购买我的人头，还给一万户的封邑，我把这份好处给你吧。”于是自刎而死。王翳割下项王的头，其他的骑士相互践踏争抢项王的躯体，相争而被杀的有几十人；最后，杨喜、吕马童和郎中吕胜、杨武各争得一个肢体；五个人在一起把肢体拼凑起来，正好对上，因此，汉王把项王原来的领地分为五份，封这五个人为列侯。

陈平计擒韩信

原文

【汉纪三】高帝六年（庚子，前201年）

冬，十月，人有上书告楚王信反者。帝以问诸将，皆曰："亟[①]发兵，坑竖子耳[②]！"帝默然。又问陈平。陈平曰："人上书言信反，信知之乎？"曰："不知。"陈平曰："陛下精兵孰与楚？"上曰："不能过。"平曰："陛下诸将，用兵有能过韩信者乎？"上曰："莫及也。"平曰："今兵不如楚精而将不及，举兵攻之，是趣[③]之战也，窃为陛下危之。"上曰："为之奈何？"平曰："古者天子有巡狩，会诸侯。陛下第出，伪游云梦，会诸侯于陈。陈，楚之西界；信闻天子以好出游，其势必无事而郊迎谒；谒而陛下因禽之，此特一力士之事耳。"帝以为然；乃发使告诸侯会陈："吾将南游云梦[④]。"上因随以行。

楚王信闻之，自疑惧，不知所为。或说信曰："斩钟离昧[⑤]以谒上，上必喜，无患。"信从之。十二月，上会诸侯于陈，信持昧首谒上；上令武士缚信，载后车。信曰："果若人言：'狡兔死，走狗烹；高鸟尽，良弓藏；敌国破，谋臣亡。'天下已定，我固当烹！"上曰："人告公反。"遂械系[⑥]信以归，因赦天下。

上还，至洛阳，赦韩信，封为淮阴侯。信知汉王畏恶其能，多称病，不朝从；居常鞅鞅[⑦]，羞与绛、灌[⑧]等列。尝过樊将军哙，哙跪拜送迎，言称臣，曰："大王乃肯临臣！"信出门，笑曰："生乃与哙等为伍！"

上尝从容与信言诸将能将兵多少。上问曰："如我能将几何？"信曰："陛下不过能将十万。"上曰："于君何如？"曰："臣多多而益善耳。"上笑曰："多多益善，何为为我禽？"信曰："陛下不能将兵而善将将，此乃信之所以为陛下禽也。且陛下，所谓'天授，非人力'也。"

注释

①亟：赶快。

②坑竖子耳：把这小子活埋算了。

③趣：读cù，促使。

④云梦：今湖北江汉平原上的古湖泊群的总称。

⑤钟离昧：原为项羽帐下五大将之一，素与韩信交情不错。是时从韩信。

⑥械系：用镣铐枷锁锁住。

⑦鞅鞅：通“怏怏”，郁闷不乐。

⑧绛、灌：指汉初名臣绛侯周勃、将军灌婴。

译文

冬天，到了十月，有人上书高帝告发楚王韩信谋反。高帝拿这件事询问各位将领，将军们都说：“赶快发兵，把这小子活埋算了！”高帝沉默不语。又征求陈平的意见。陈平说：“有人上书告发韩信谋反，韩信知道这件事吗？”高帝说：“不知道。”陈平说：“陛下的精锐部队与楚王比哪个厉害？”高帝说：“比不过。”陈平说：“陛下的各位将军，用兵打仗有超过韩信的吗？”高帝说：“没有人能比得过。”陈平说：“现在您的军事力量没有楚王精锐，将领的才能又赶不上韩信，就要发兵前去攻打他，这是促使他起兵作战呀，我私下里为陛下的安危感到担忧。”高帝说：“那该怎么办呢？”陈平说：“古代有天子巡行天下、盟会诸侯的传统。陛下只管出来视察，假装巡游云梦泽，在陈地会见诸侯。而陈地是楚地的西部边界；韩信听说天子怀着善意出游，国家必定是平安无事，便会到郊外迎接拜见陛下。拜见时陛下趁机擒获他，这只不过是一个力士办的事情罢了。”高帝认为是这样；就派出使者告知诸侯到陈地盟会，说：“我将南游云梦泽。”高帝随即出发。

楚王韩信听到这个消息后，内心感到疑虑和恐惧，不知做什么好。有人劝韩信说：“杀了钟离昧去拜见皇上，皇上一定高兴，不会有什么危险了。”韩信听从了他的建议。十二月，高帝在陈地会盟诸侯，韩信拿着钟离昧的头拜见高帝；高帝命令武士捆绑韩信，装载到副车上。韩信说：“果然像人们说的那样：‘狡猾的兔子死了，出色的猎狗就被烹杀；高翔的飞禽打光了，优良的弓箭收藏起来；敌国破灭，谋臣死亡。’天下已经平定，我本来就应当被烹杀！”高帝说：“有人告发你谋反。”就用镣铐枷锁锁住韩信而归，趁势大赦天下。

高帝还朝，到了洛阳，赦免了韩信，封他为淮阴侯。韩信知道汉王嫉妒并畏惧他的才能，就多次借口有病，不参加朝见和随侍外出；居家常常郁闷不乐，羞于与绛侯周勃、将军灌婴这样的人处于同等地位。韩信曾经拜访将军樊哙。樊哙用跪拜之礼迎接，言谈自称臣，说：“大王竟肯光临臣这里！”韩信出门后，笑着说：“我这辈子居然要和樊哙等人为伍了！”

高帝曾与韩信悠闲舒缓地聊天，谈及众将领能带多少兵。高帝问：“像我这样的能率领多少兵呀？”韩信说：“陛下不过能统率十万兵。”高帝说：“对您怎么样呢？”韩信道：“我是越多越好啊。”高帝笑着说：“越多越好，为什么被我擒获呀？”韩信说：“陛下不能带兵却善于统率将领，这就是我被陛下擒获的原因了。况且陛下是人们所说的‘是上天赐予的，不是人力能做到的’。”

曹参为相

原文

【汉纪四】惠帝二年（戊申，前193年）

酂文终侯萧何病，上亲自临视，因问曰："君即百岁①后，谁可代君者?"对曰："知臣莫如主。"帝曰："曹参何如?"何顿首曰："帝得之矣，臣死不恨②!"

秋，七月，辛未③，何薨。何置田宅，必居穷僻处，为家，不治垣屋。曰："后世贤，师吾俭；不贤，毋为势家所夺。"

癸巳④，以曹参为相国。参闻何薨，告舍人："趣⑤治行！吾将入相。"居无何⑥，使者果召参。始，参微时，与萧何善；及为将相，有隙；至何且死，所推贤唯参。参代何为相，举事无所变更，一遵何约束。择郡国吏木讷于文辞、重厚长者，即召除为丞相史；吏之言文刻深、欲务声名者，辄斥去之。日夜饮醇酒；卿、大夫以下吏及宾客见参不事事⑦，来者皆欲有言，参辄饮以醇酒；间欲有所言，复饮之，醉而后去，终莫得开说，以为常。见人有细过，专掩匿覆盖⑧之，府中无事。

参子窋为中大夫。帝怪相国不治事，以为："岂少朕与?"使窋归，以其私问参。参怒，笞窋二百，曰："趣入侍！天下事非若所当言也!"至朝时，帝让参曰："乃者我使谏君也。"参免冠谢曰："陛下自察圣武孰与高帝?"上曰："朕乃安敢望先帝!"又曰："陛下观臣能孰与萧何贤?"上曰："君似不及也。"参曰："陛下言之是也。高帝与萧何定天下，法令既明。今陛下垂拱⑨，参等守职，遵而勿失，不亦可乎!"帝曰："善!"

参为相国，出入三年，百姓歌之曰："萧何为法，较若画一⑩；曹参代之，守而勿失；载其清净，民以宁壹⑪。"

注释

①百岁：古人以为人生不过百岁，因以为死的讳称。

②恨：遗憾。

③辛未：按天干地支计时为夏历的初五日。

④癸巳：按天干地支计时为夏历的二十七日。

⑤趣：读 cù，赶快。

⑥居无何：没过多久。

⑦事事：做事情，这里指处理朝政。

⑧掩匿覆盖：指包庇掩饰。

⑨垂拱：垂衣拱手，古代形容太平无事，可无为而治。

⑩较若画一：整齐划一。

⑪载其清净，民以宁壹：做事清净，百姓安心。载，乘。宁壹，安定齐一。

译文

酂文终侯萧何病危，惠帝亲自前去探视病情，趁机问他："您百年之后，谁可以接替您呢？"萧何回答说："了解臣下的没有谁像皇上啊。"惠帝又问："曹参怎么样？"萧何叩头说："皇上已得到合适的人选了，我死没有遗憾了。"

秋季，七月，辛未日，萧何去世。萧何购置田地、房宅，一定选择位于穷乡僻壤的，他治家不修建有围墙的房屋。他说："如果后代多才能，就学习我的俭朴；如果没有才能，不会被权势人家抢夺。"

癸巳日，朝廷任命曹参为相国。曹参一听说萧何去世，告诉门下的舍人说："快准备行装！我将要入朝做相国了。"过了不久，使者果然前来召曹参入朝。起初，曹参贫贱时，与萧何关系很好；等到各自做了将军、相国，就有了隔阂；到萧何临死时，他所推举的贤才只有曹参。曹参接替萧何做了相国，所有的事情都不做变更，全部遵照萧何制定的法令。他挑选郡、国小吏中为人质朴、不善言辞、敦厚的长者，就召来任命为丞相的属官；官员中那些言谈、行文苛求细枝末节，一味追逐名声的，立即斥退他们离开。曹参日夜饮香醇美酒。卿、大夫以下的官员及宾客见他不处理政事，来看望的人都想好言劝说，曹参总是拿美酒给他们喝；喝酒间隙中有想说话劝谏的，曹参又让他们喝，直到喝醉了离开，最终没有能够开口说话的，这样的情况已经成为常事。曹参见到别人犯有细小的过失，一味隐瞒遮盖，相国府中平安无事。

曹参的儿子曹窋任中大夫，惠帝向他责怪相国不理政事，认为：“难道是因为我年纪轻吗？”让曹窋回家后，私下里询问曹参。曹参大怒，鞭笞曹窋二百下，呵斥道：“赶快入宫侍候皇帝！国家大事不是你该说的！”到上朝时，惠帝责备曹参说：“往日是我让曹窋劝谏你的。”曹参脱下帽子谢罪说：“陛下自己体察一下圣明威武与高帝比怎么样？”惠帝说：“我哪里敢跟先帝比拟！”曹参又问：“陛下再看我与萧何比谁更有才能？”惠帝说：“你好像不如他。”曹参便说：“陛下说得太对了。高帝与萧何平定天下，法令已经明确。如今陛下无为而治，曹参等人谨守各自职责，遵守以前的法令而不去违反，不也可以吗！”惠帝说：“好！”

曹参做相国，前后三年，百姓歌颂他说：“萧何制定法律，整齐划一；曹参接替相位，遵守而不改变；顺应那清净无为的做法，百姓因而安宁。”

抑平诸吕

原文

【汉纪五】高皇后七年（庚寅，前 181 年）

是时，诸吕擅权用事；朱虚侯章①，年二十，有气力，忿刘氏不得职。尝入侍太后燕②饮，太后令章为酒吏。章自请曰："臣将种也，请得以军法行酒。"太后曰："可。"酒酣，章请为《耕田歌》；太后许之。章曰："深耕穊③种，立苗欲疏；非其种者，锄而去之！"太后默然。顷之，诸吕有一人醉，亡酒，章追，拔剑斩之而还，报曰："有亡酒一人，臣谨行法斩之！"太后左右皆大惊，业已许其军法，无以罪也；因罢。自是之后，诸吕惮朱虚侯，虽大臣皆依朱虚侯，刘氏为益强。

陈平患诸吕，力不能制，恐祸及己；尝燕居④深念，陆贾⑤往，直入坐；而陈丞相不见。陆生曰："何念之深也！"陈平曰："生揣我何念？"陆生曰："足下极富贵，无欲矣；然有忧念，不过患诸吕、少主耳。"陈平曰："然。为之奈何？"陆生曰："天下安，注意相；天下危，注意将。将相和调，则士豫附；天下虽有变，权不分。为社稷计，在两军掌握耳。臣尝欲谓太尉绛侯⑥；绛侯与我戏，易⑦吾言。君何不交欢太尉，深相结！"因为陈平画⑧吕氏数事。陈平用其计，乃以五百金为绛侯寿，厚具乐饮；太尉报亦如之。两人深相结，吕氏谋益衰。陈平以奴婢百人、车马五十乘、钱五百万遗陆生为饮食费。

注释

①朱虚侯章：刘章，齐悼惠王刘肥之子，吕后二年封为朱虚侯。

②燕：通"宴"。

③穊：读 jì，稠密，一般指农作物。

④燕居：独居静室。燕，通"宴"，安闲，安逸。

⑤陆贾：原为楚人，汉初儒者、思想家。早年随汉高祖刘邦平定天下，有辩士之称，被拜为太中大夫。陆贾主要活动于汉高祖、吕后、文帝三世。

⑥绛侯：指太尉绛侯周勃。

⑦易：轻视。

⑧因为陈平画：接着替陈平谋划。

译文

这时，诸吕把持朝政；朱虚侯刘章，年方二十，血气方刚，身强力壮，怨恨刘氏宗室不能担任要职。他曾经入宫侍奉太后参加酒宴，太后让刘章做监酒吏。刘章自请说："我本是将门之后，请能够按照军法监酒。"太后说："可以。"酒酣之时，刘章请求吟唱一首《耕田歌》；太后答应了他。刘章唱道："深耕播种，株距要疏；不是同一个品种，挥锄铲除！"太后沉默无语。过了一会儿，诸吕中有一个人醉了，避席离开，刘章追上来，拔剑斩了此人才回来，报告说："有一个人逃酒而走，我谨使用军法处斩了他！"太后手下的人都大吃一惊，已经应允他以军法监酒，也就无法将他治罪，于是散席。从这以后，诸吕惧怕朱虚侯，即便是朝廷大臣也都要依附他，刘氏宗室的势力更加强大。

陈平担心诸吕坐大，无力控制，害怕灾祸降临殃及自己；曾经独居静室，苦思对策。陆贾来访，径直入室坐下；而陈丞相没有发现。陆贾说："思虑什么事，如此专注！"陈平说："先生猜测我思考何事？"陆贾说："您富贵达到顶点，没有欲望了；即使有忧虑，不过是担心诸吕和年幼的皇上罢了。"陈平说："是这样。此事该如何办呢？"陆贾说："天下安定，关注国相；天下危难，关注大将。将与相关系和谐、融洽，那么士人就会归附；天下即使有变故，权力不会被瓜分。为国家安全考虑，就在你和周勃二位掌握之中。我曾想对太尉绛侯周勃说明；绛侯平素与我常开玩笑，不重视我的话。您为什么不与太尉交好，建立密切的关系呢！"陆贾趁机为陈平谋划应对诸吕的几种办法。陈平采纳陆贾的计谋，就用五百斤黄金为绛侯周勃祝寿，并准备了盛大的歌舞宴会招待他；太尉周勃也以同样的礼节回报。两人互相紧密团结，吕氏篡权阴谋更加衰减。陈平用一百个奴婢、五十乘车马、五百万钱送给陆贾作为饮食费。

张骞通西域

原文

【汉纪十一】武帝元狩元年（己未，前122年）

初，张骞自月氏还，具为天子言西域诸国风俗："大宛在汉正西，可万里。其俗土著[①]，耕田；多善马，马汗血；有城郭、室屋，如中国。其东北则乌孙，东则于窴。于窴之西，则水皆西流注西海，其东，水东流注盐泽。盐泽潜行地下，其南则河源出焉。盐泽去长安可五千里。匈奴右方[②]居盐泽以东，至陇西长城，南接羌，鬲[③]汉道焉。乌孙、康居、奄蔡、大月氏，皆行国[④]，随畜牧，与匈奴同俗。大夏在大宛西南，与大宛同俗。臣在大夏时，见邛竹杖、蜀布，问曰：'安得此?'大夏国人曰：'吾贾人往市之身毒[⑤]。'身毒在大夏东南可数千里，其俗土著，与大夏同。以骞度之，大夏去汉万二千里，居汉西南；今身毒国又居大夏东南数千里，有蜀物，此其去蜀不远矣。今使大夏，从羌中，险，羌人恶之；少北，则为匈奴所得；从蜀，宜径，又无寇。"

天子既闻大宛及大夏、安息之属，皆大国，多奇物，土著，颇与中国同业，而兵弱，贵汉财物。其北有大月氏、康居之属，兵强，可以赂遗设利朝也。诚得而以义属之，则广地万里，重九译[⑥]，致殊俗，威德遍于四海，欣然以骞言为然。乃令骞因蜀、犍为发间使[⑦]王然于等四道并出，出駹，出冉，出徙，出邛、僰，指求身毒国，各行一二千里，其北方闭氐、莋，南方闭嶲、昆明。昆明之属无君长，善寇盗，辄杀略汉使，终莫得通。于是汉以求身毒道，始通滇国。滇王当羌谓汉使者曰："汉孰与我大?"及夜郎侯亦然。以道不通，故各自以为一州主，不知汉广大。使者还，因盛言滇大国，足事亲附；天子注意焉，乃复事西南夷。

注释

①土著：世代常居一地，不迁徙。

②右方：西边，即面朝南时的右方。

③鬲：通“隔”，阻隔。

④行国：游牧国。

⑤身毒：古代的天竺国。

⑥九译：旧指不同民族或外国的语言经过辗转翻译始能通晓。后亦通称殊方远国之人。

⑦间使：负有见机行事使命的使者。

译文

当初，张骞从月氏国返回，向汉武帝详细汇报了西域各国的风俗：“大宛国在汉朝正西方，大约一万里。其习俗为定居，耕种田地；多好马，马汗像血一样；有城郭、房屋，如同中原地区。它的东北为乌孙国，东面为于阗国。于阗国的西面，河水都向西流入西海；它的东面，河水向东流入盐泽。盐泽地区河流在地下流淌，往南就是黄河的发源地。盐泽距长安约五千里。匈奴国的西界在盐泽以东，直到陇西长城，南面与羌人相接，隔断汉朝通往西域的道路。乌孙、康居、奄蔡、大月氏都是游牧国家，随牲畜逐水草而居，与匈奴风俗相同。大夏国在大宛西南方，与大宛风俗相同。我在大夏时，曾见到邛山出产的竹杖和蜀地产的布，问他们：‘怎能得到这些东西？’大夏国人说：‘我国商人去身毒买来的。’身毒国在大夏东南约几千里之外，习俗是定居，与大夏相同。凭我的估计，大夏距离汉朝一万二千里，处在汉朝西南方；现在身毒国又在大夏东南几千里，有蜀地的物产，这表明身毒距蜀地不太远。现在出使大夏，经由羌人区，道路险恶，羌人厌恶这件事；稍微往北走，就会被匈奴人捕获；经由蜀地，应该是直路，又没有强盗。”

汉武帝已经听到大宛以及大夏、安息之类都是大国，多产奇珍异物，定居生活，与中原地区很是相同，但军事力量薄弱，崇尚汉朝的财物；它们的北面大月氏、康居等，兵力强盛，可以用赠送财物的方法诱使他们朝贡。如果能用道义争取到他们的归附，那么，扩大中国的疆域可达万里，远方的人将通过九重翻译来朝见，不同风俗的地区将归入中国，天子的威德将遍布四海。汉武帝高兴地认为张骞的话是对的，于是命令张骞利用蜀郡、犍为派王然于等人作为使者，从四条路线一起出发，由駹、冉、徙及邛、僰去探寻身毒国，各路使者分别走出一二千里之后，北路被氐、莋阻挡，南路被阻挡在巂、昆明。昆明一带没有君长，喜好攻击和盗窃，经常劫杀汉朝使者，始终无人能通过其地。这次汉朝使者为探寻身毒国的道路，才首次打通滇国，滇王当羌对汉朝使者说："汉朝与我国相比，谁大呢?"等到夜郎时，也发出相同的疑问。因为道路阻塞，所以他们各自认为都是一州的王，不知道汉朝地域广阔。使者返回后，极力申说滇国是大国，值得争取它归附，引起了汉武帝的注意，于是重新经营西南少数民族地区。

苏武与李陵

原文

【汉纪十五】昭帝始元六年（庚子，前81年）

初，苏武既徙北海上，禀食①不至，掘野鼠、去草实而食之。杖汉节②牧羊，卧起操持，节旄③尽落。武在汉，与李陵俱为侍中；陵降匈奴，不敢求武。久之，单于使陵至海上，为武置酒设乐，因谓武曰："单于闻陵与子卿④素厚，故使来说足下，虚心欲相待，终不得归汉，空自苦；亡人之地，信义安所见乎！足下兄弟二人，前皆坐事自杀；来时，太夫人已不幸；子卿妇年少，闻已更嫁矣；独有女弟⑤二人、两女、一男，今复十余年，存亡不可知。人生如朝露，何久自苦如此！陵始降时，忽忽⑥如狂，自痛负汉，加以老母系保宫⑦。子卿不欲降，何以过陵！且陛下春秋⑧高，法令无常，大臣无罪夷灭者数十家。安危不可知，子卿尚复谁为乎！"武曰："武父子无功德，皆为陛下所成就，位列将，爵通侯，兄弟亲近，常愿肝脑涂地。今得杀身自效，虽斧钺、汤镬，诚甘乐之！臣事君，犹子事父也；子为父死，无所恨。愿勿复再言！"陵与武饮数日，复曰："子卿壹听陵言！"武曰："自分已死久矣，王⑨必欲降武，请毕今日之欢，效死于前！"陵见其至诚，喟然叹曰："嗟乎，义士！陵与卫律⑩之罪上通于天！"因泣下沾衿，与武决去。赐武牛羊数十头。

后陵复至北海上，语武以武帝崩。武南乡号哭欧⑪血，旦夕临，数月。及壶衍鞮单于立，母阏氏不正，国内乖离⑫，常恐汉兵袭之，于是卫律为单于谋，与汉和亲。汉使至，求苏武等，匈奴诡言武死。后汉使复至匈奴，常惠⑬私见汉使，教使者谓单于，言："天子射上林中，得雁，足有系帛书，言武等在某泽中。"使者大喜，如惠语以让单于。单于视左右而惊，谢汉使曰："武等实在。"乃归武及马宏等。马宏者，前副光禄大夫王忠使西国，为匈奴所遮⑭；忠战死，马宏生得，亦不肯降。故匈奴归此二人，欲以通善意。于是李陵置酒贺武曰："今足下还归，扬名于匈奴，功显于汉室，虽古竹帛[15]所载，丹青所画，何以过子卿！陵虽驽怯，令汉贯[16]陵罪，全其老母，使得奋大辱之积志，庶几乎曹柯之盟[17]，此陵宿昔之所不忘也。收族[18]陵家，为世大戮，陵尚复何顾乎！已矣，令子卿知吾心耳！"陵泣下数行，因与武决。

单于召会武官属，前已降及物故，凡随武还者九人。既至京师，诏武奉一太牢[19]谒武帝园庙，拜为典属国，秩中二千石，赐钱二百万，公田二顷，宅一区。武留匈奴凡十九岁，始以强壮出，及还，须发尽白。霍光、上官桀与李陵素善，遣陵故人陇西任立政等三人俱至匈奴招之。陵曰："归易耳，丈夫不能再辱！"遂死于匈奴。

注释

①禀食：由公家供食。禀通"廪"。

②杖汉节：手持汉朝的符节。

③节旄：亦作"节髦"。古代符节上所饰的旄牛尾。

④子卿：苏武的字。

⑤女弟：妹妹。

⑥忽忽：迷惑，恍惚，失意的样子。

⑦保宫：汉代少府属官。其官署有时也用为系囚之所。本名居室，武帝太初元年更名保宫。此处指牢狱。

⑧春秋：指人的年岁。

⑨王：指李陵。匈奴封李陵为右校王，故称之。

⑩卫律：本是汉臣，后投降匈奴，被匈奴封为丁灵（匈奴族的一支）王。

⑪欧：通"呕"，吐。

⑫乖离：背离，不一致。

⑬常惠：西汉并州太原人。生卒年不详，仕于汉武帝、昭帝、宣帝三朝，外交活动家。

⑭遮：阻拦。

⑮竹帛：竹简和白绢。古代在竹帛上写字。也泛指书籍史册。

⑯贳：读 shì，赦免，宽免。

⑰曹柯之盟：齐桓公五年，齐伐鲁。鲁败，请求割让土地并缔结和约。齐桓公答应在柯（齐国境内）举行受降仪式。就在两国国君准备签约时，鲁国大臣曹沫拔出匕首，将齐桓公劫持，要求齐国退还以前侵占的鲁国土地。齐桓公只能答应齐鲁盟约。鲁国因而收回了失地。

⑱收族：逮捕、拘押并族灭。

⑲太牢：古代祭祀宴会时，牛、羊、豕三牲俱备为太牢。

译文

当初，苏武已经被匈奴放逐到北海边上，供应的粮食运不到，就挖掘野鼠，剥草籽吃。苏武手持汉朝的符节放羊，无论睡觉还是起身都握着它，节杖上的毛缨脱落殆尽。苏武在汉朝时，与李陵同为侍中；李陵投降匈奴后，不敢访求苏武。过了很长时间，单于派李陵到北海边，为苏武摆下酒席，并安排乐舞助兴。李陵趁势对苏武说："单于听说我与你平素交谊深厚，所以派我来劝你，愿意对你虔诚相待。你终究不能再回汉朝，白白地自己受苦，你的信义节操，又有谁看到呢！你的两个兄弟，先前都已因犯事自杀；我来的时候，你母亲也已不幸去世；你的夫人年轻，听说已经改嫁别人了；只剩下两个妹妹、两个女儿、一个儿子，现在又过了十几年，是死是活不得而知。人的一生就像早晨的露水，何必长久地这样糟践自己呢！我刚投降匈奴时，失意得像要发疯，痛恨自己对不起汉朝，连累老母亲被拘禁牢狱。你不愿投降匈奴，怎么会超过我！况且皇上年事已高，法令变化无常，大臣没有罪而被灭宗族的数十家。前途安危难以预料，你又为谁这样呢！"苏武说："我父子没有功劳和德行，都是陛下成全，身居将军之列，爵位达到通侯，兄弟得以亲近圣上，常希望肝脑涂地报答皇恩。如今能够杀身报效，即使是斧钺加身，汤锅烹煮，确实心甘情愿！臣侍奉君王，如同儿子侍奉父亲；儿子为父亲死，没有什么遗憾。希望不要再说了！"李陵与苏武饮酒好几天，又劝道："子卿再听我一句话！"苏武说："我甘愿必死已经很久了，你一定要我投降，请结束今日的欢宴，我死在你的面前！"李陵见苏武极忠诚，长叹道："唉！义士！我与卫律的罪行上达于天！"就泪湿衣襟，与苏武诀别而去。送给苏武几十头牛羊。

后来李陵又到北海边，将汉武帝驾崩的消息告诉苏武。苏武对着南方号啕大哭以至吐血，每天早晚哭吊达数月。壶衍鞮单于即位后，其母阏氏品行不正，国内混乱，常常害怕汉军袭击，这时卫律为单于谋划，与汉朝和亲。汉使到匈奴，寻求苏武等人，匈奴谎称苏武已死。后来汉使又到匈奴，常惠暗中面见汉使，教使者对单于说："汉天子在上林苑射猎，射下一只大雁，雁脚上系着帛书，说苏武等人在某湖泽之地。"使者很高兴，依照常惠的话责备单于。单于环视左右侍从而惊慌，向汉使道歉说："苏武等人确实活着。"于是归还苏武及马宏等人。马宏是光禄大夫王忠先前出使西域各国的副使，被匈奴拦截，王忠战死，马宏被俘，也不肯投降。所以匈奴将苏武、马宏二人归还，想以此表示他们的善意。在这个时候，李陵设酒宴祝贺苏武说："如今你返回祖国，名声传遍匈奴，功劳显扬于汉朝，即使是古代竹帛所记载、丹青所描画的人物，怎么能超过你！我虽然愚笨怯懦，假如汉朝能宽恕我的罪过，保全我的老母，使我能够忍辱负重以完成蕴藏已久的夙愿，略同于曹沫劫持齐桓公在柯邑订立盟约，这是我从前不敢忘的志向。汉朝逮捕族灭我家族，是当世最大的杀戮，我还能再顾念什么呢！算了，不过是让你知道我的心思罢了！"李陵泪流满面，便与苏武诀别。

单于召集跟随苏武的从官，除去先前已投降匈奴和去世的以外，共有九人与苏武一同返回汉朝。到达京师后，汉昭帝令苏武用太牢的仪式祭拜汉武帝陵园的宗庙，任命苏武为典属国，品秩为中二千石，赏赐苏武二百万钱、二顷公田、一所住宅。苏武被扣留匈奴共十九年，开始去的时候正当壮年，等到返回时胡须、头发全都白了。霍光、上官桀平素都和李陵关系很好，派遣李陵的旧友陇西人任立政等三人一同前往匈奴招抚李陵。李陵说："回去容易，但大丈夫不能再次受辱！"于是就死在了匈奴。

严母教子

原文

【汉纪十九】宣帝神爵四年（癸亥，前58年）

河南太守严延年为治阴鸷酷烈①，众人所谓当死者一朝出之，所谓当生者诡杀之，吏民莫能测其意深浅，战栗不敢犯禁。冬月，传属县囚会论府上，流血数里，河南号曰“屠伯”。延年素轻黄霸②为人，及比郡③为守，褒赏反在己前，心内不服。河南界中又有蝗虫，府丞义出行蝗，还，见延年。延年曰：“此蝗岂凤皇食邪？”义年老，颇悖④，素畏延年，恐见中伤。延年本尝与义俱为丞相史，实亲厚之，馈遗之甚厚。义愈益恐，自筮⑤，得死卦，忽忽不乐，取告⑥至长安，上书言延年罪名十事；已拜奏，因饮药自杀，以明不欺。事下御史丞按验⑦，得其语言怨望⑧、诽谤政治数事。十一月，延年坐不道⑨，弃市⑩。

初，延年母从东海来，欲从延年腊⑪；到洛阳，适见报囚⑫，母大惊，使止都亭⑬，不肯入府。延年出至都亭谒母，母闭阁不见。延年免冠顿首阁下，良久，母乃见之，因数责延年：“幸得备郡守，专治千里，不闻仁爱教化，有以全安愚民；顾⑭乘刑罚，多刑杀人，欲以立威，岂为民父母意哉！”延年服罪，重顿首谢，因为母御归府舍。母毕正腊，谓延年曰：“天道神明，人不可独杀。我不意当老见壮子被刑戮也！行矣，去汝东归，扫除墓地耳！”遂去，归郡，见昆弟、宗人，复为言之。后岁余，果败⑮，东海莫不贤智其母。

注释

①阴鸷酷烈：阴险凶狠，残暴。

②黄霸（？—前51）：西汉名臣，字次公，淮阳阳夏（今河南太康）人。前55年，黄霸为丞相，并封为建成侯，总揽朝纲社稷。

③比郡：相邻的两个郡。

④悖：惑乱，糊涂。

⑤筮：古代用蓍草占卜。

⑥取告：告假。取，休假。

⑦按验：审问验证。

⑧怨望：怨恨，心怀不满。

⑨坐不道：犯了大逆不道的罪。坐，特指办罪的因由。

⑩弃市：古代在闹市执行死刑，并将尸体暴露街头，称为弃市。

⑪腊：腊日行祭，取猎祭祖。

⑫报囚：奏报处决犯人。

⑬都亭：古代城郭附近的亭舍，即驿站或客栈。

⑭顾：反而，却。

⑮败：指延年被杀一事。

译文

河南太守严延年为政阴险残暴，众人所说的应当处死的犯人，他一下子就释放了；众人所说的应该活的犯人，却奇怪地被杀了，吏民百姓没有人能探知其内心的深浅，因而战战兢兢不敢违犯禁令。冬天，严延年传唤所属各县的囚犯到郡衙集中定罪，血流数里，河南郡称其为“屠伯”。严延年向来看不起黄霸的为人，等到两个人在相邻的郡做太守，黄霸获得奖赏反而在自己前面，严延年内心不服。河南地界又发生蝗灾，府丞名叫义的人出去视察蝗灾，回来向严延年汇报，严延年说：“这蝗虫难道不是凤凰的食物吗?”府丞义年老，很是糊涂，平时就害怕严延年，害怕被他陷害。严延年本来曾与义一起当过丞相史，实际上亲爱厚待他，送给他的礼品非常丰厚。义更加恐惧，自己占卦，得到死卦，于是郁闷不乐，告假前往长安，上书说严延年十件事；呈上奏章后，便喝药自杀，来表明不欺骗朝廷。此事交给御史丞调查核实，查出他言谈中对朝廷心怀不满、诽谤朝政等几件事。十一月，严延年以大逆不道的罪名被斩首并暴尸街头。

当初，严延年的母亲从东海郡来看儿子，打算跟随严延年进行腊祭。到洛阳（河南郡下辖洛阳）时，正遇到处决囚犯。他母亲非常吃惊，便留在都亭中，不肯进府。严延年来到都亭拜谒母亲，其母闭门不见。严延年在门外摘帽叩头，过了很长时间，母亲才与他见面，就数落严延年说："你有幸当了郡太守，掌管方圆千里的土地，没听说用仁爱教化百姓，使民众得到保全和安定；反而利用刑罚，大量杀人，想以此来树立威望，这难道是百姓父母官胸怀吗？"严延年服罪，再次叩头道歉，趁势为母亲驾车回到府上。他母亲在腊祭完毕后，对严延年说："天理昭昭，神明在上，人不可以仅仅靠杀人立威。我没有想到到了老年看到壮年的儿子被刑杀！走了，离开你东归故乡，打扫墓地去了！"于是离去。回到东海郡，见到严延年的兄弟和族人，又说给他们听。一年多以后，严延年果然被杀，东海郡没有人不认为他的母亲贤惠、明智。

正直宋弘“糟糠之妻不下堂”

原文

【汉纪三十二】光武帝建武二年（丙戌，26年）

壬子，以太中大夫京兆宋弘为大司空。弘荐沛国桓谭，为议郎、给事中。帝令谭鼓琴，爱其繁声。弘闻之，不悦；伺谭内出，正朝服坐府上，遣吏召之。谭至，不与席而让之，且曰：“能自改邪，将①令相举以法乎?”谭顿首辞谢；良久，乃遣之。后大会群臣，帝使谭鼓琴。谭见弘，失其常度②。帝怪而问之，弘乃离席免冠谢曰：“臣所以荐桓谭者，望能以忠正导主。而令朝廷耽悦郑声③，臣之罪也。”帝改容谢之。

湖阳公主新寡，帝与共论朝臣，微观其意。主曰：“宋公威容德器，群臣莫及。”帝曰：“方且图之。”后弘被引见，帝令主坐屏风后，因谓弘曰：“谚言‘贵易交，富易妻’，人情乎?”弘曰：“臣闻贫贱之知不可忘，糟糠之妻不下堂。”帝顾谓主曰：“事不谐④矣!”

注释

①将：读jiāng，抑或，还是，表示选择。

②常度：平常的姿态。

③郑声：指春秋战国时郑国一带的音乐，《礼记·乐记》中记载“郑卫之音，乱世之音也”。后来人们将“郑声”、“郑卫之音”作为淫靡之乐的代称。

④谐：成功，谈妥或办妥。

译文

壬子日，光武帝任命太中大夫京兆人宋弘为大司空。宋弘举荐沛国人桓谭，为议郎、给事中。光武帝让桓谭弹琴，喜欢那种浮靡的音乐。宋弘听说后不高兴；等到桓谭从内宫中出来，宋弘穿戴朝服坐在府中，派官吏去召唤桓谭。桓谭到后，宋弘不给他让座就责备他，并且说：“能自己改正呢，还是让我用法律检举你呢？”桓谭磕头道歉；过了很久，宋弘才打发他走。此后光武帝大规模聚会群臣，让桓谭弹琴。桓谭看见宋弘，失却平常风度。光武帝感到奇怪询问原因，宋弘于是离开坐席脱帽道歉说：“我举荐桓谭的原因，是希望能用忠正之心劝导皇上；而他让朝廷沉湎于喜悦郑国的靡靡之音，这是臣的过错。”光武帝改了脸色，向他道歉。

光武帝的姐姐湖阳公主刚守寡，光武帝和她一块儿谈论朝臣，暗暗揣摸她的心意。公主说：“宋弘威严的容貌和道德修养与才识度量，群臣没有人赶得上他。”光武帝说：“我正在谋划这件事。”后来宋弘被召见，光武帝让公主坐在屏风后，就对宋弘说：“谚语说‘贵易交，富易妻’，这是人之常情吗？”宋弘说：“我听说：贫贱之知不可忘，糟糠之妻不下堂。”光武帝回头对公主说：“事情办不成了！”

杨震“四知”美名传

原文

【汉纪四十一】安帝永初四年（庚戌，110年）

邓骘在位，颇能推进贤士，荐何熙、李郃等列于朝廷，又辟弘农杨震、巴郡陈禅等置之幕府，天下称之。震孤贫好学，明欧阳①《尚书》，通达博览，诸儒为之语曰：“关西孔子杨伯起②。”教授③二十余年，不答州郡礼命，众人谓之晚暮④，而震志愈笃。骘闻而辟之，时震年已五十余，累迁荆州刺史、东莱太守。当之郡，道经昌邑，故所举荆州茂才⑤王密为昌邑令，夜怀金十斤以遗震。震曰：“故人知君，君不知故人，何也？”密曰：“暮夜无知者。”震曰：“天知，地知，我知，子知，何谓无知者！”密愧而出。后转涿郡太守。性公廉，子孙常蔬食、步行；故旧或欲令为开产业，震不肯，曰：“使后世称为清白吏子孙，以此遗之，不亦厚乎！”

注释

①欧阳：指西汉千乘（今山东高青县高苑镇北）人欧阳生，曾研习并传授《尚书》，并形成欧阳氏尚书学派，有一定的影响。

②伯起：杨震的字。

③教授：教生授徒。

④晚暮：迟暮，末途。依胡三省注，意为岁月已老而出仕迟也。

⑤茂才：即“秀才”，汉代推举人才的科目之一。因避光武帝刘秀名讳，改秀才为茂才。

译文

邓骘担任大将军时，很能推举有才能的人，他举荐何熙、李郃等位列朝廷大臣，还征召弘农人杨震、巴郡人陈禅等，将他们安排在自己的衙署，天下人都称赞他。杨震自幼孤苦贫寒而好学，精通欧阳生注解的《尚书》，通晓、博览典籍，众多的儒家学者称他为“关西孔子杨伯起”。他教授学生二十多年，不应州郡官府的礼聘与任命，人们认为杨震出仕时间已太迟，但他的意志更加坚定。邓骘闻听杨震的盛名后，将他征辟为幕僚。当时杨震已五十多岁，多次升迁，做到了荆州刺史和东莱太守。在他往东莱郡的路上，途经昌邑，过去所举荐的荆州秀才王密正好任昌邑县令，晚上王密怀里揣着十斤金送给杨震。杨震说：“老朋友了解你，你却不了解老朋友，这是为什么？”王密说：“晚上没有人知道。”杨震说：“天知，地知，我知，你知，怎么能说无人知晓！”王密羞愧地出门走了。杨震后来转任涿郡太守。他本性公正清廉，子孙经常以草菜为食、徒步出行。故人旧友有的人想劝杨震为子孙置办产业，但杨震不肯，他说：“让后人说他们是清官的子孙，以此赠送给他们，不也是财富吗！”

薛包至行孝悌

原文

【汉纪四十二】安帝建光元年（辛酉，121年）

初，汝南薛包，少有至行。父娶后妻而憎包，分出之。包日夜号泣，不能去，至被驱扑①，不得已，庐②于舍外，旦入洒扫。父怒，又逐之，乃庐于里门③，晨昏不废。积岁余，父母惭而还之④。及父母亡，弟子求分财异居；包不能止，乃中分其财，奴婢引其老者，曰："与我共事久，若不能使也。"田庐取其荒顿⑤者，曰："吾少时所治，意所恋也。"器物取朽败者，曰："我素所服食，身口所安也。"弟子数破其产，辄复赈给。帝闻其名，令公车⑥特征，至，拜侍中。包以死自乞，有诏赐告归⑦，加礼如毛义⑧。

注释

①驱扑：殴打。

②庐：简陋的房屋，此处作动词，筑起简陋的房屋。

③里门："里"是古代的居民组织，"里门"可以理解成"乡村大门"。

④还之：使之还。

⑤荒顿：荒废。

⑥公车：古代中央政府里的一个官署，专管征召之事。

⑦告归：请归乡里，请假回家。

⑧毛义：汉章帝时虞江人，家里贫穷，以贤孝母亲闻名于世。

译文

当初，汝南人薛包，少年时就有卓绝的品行。父亲娶了后妻之后，厌恶薛包，就分家将他赶出去。薛包日夜号啕大哭，不肯离去，以致遭到殴打，没有办法，就在房舍外搭起简陋的房子，早晨回家洒扫庭院。父亲发怒，又一次驱赶他，他就在里门的旁边搭建小屋，早晚向父母请安。过了一年多，父母感到羞愧而让他回家。等到父母去世，薛包的侄儿请求分割家财并分开居住；薛包不能阻止，便将家均分，奴婢挑选年老的，说："与我一起做事的时间长，你不能使唤得动他们。"田地房舍挑选那些荒废的，说："这些是我年轻时修建的，内心有所依恋。"器物选取腐朽破旧的，说："这些是我平常使用的衣着食物，身体和口腹觉得习惯。"侄儿多次耗尽家产，薛包总是再给予赈济。安帝听到了他的名声，便命公车特地征召。到达后，官拜侍中。薛包以死请求，安帝下诏，恩赐他告别回家，对他以礼相待如同毛义。

刘备交群英

原文

【汉纪五十二】献帝初平二年（辛未，191 年）

初，涿郡刘备，中山靖王之后[1]也。少孤贫，与母以贩履[2]为业，长七尺五寸，垂手下膝，顾自见其耳；有大志，少语言，喜怒不形于色。尝与公孙瓒同师事卢植，由是往依瓒。瓒使备与田楷徇[3]青州有功，因以为平原相。备少与河东关羽、涿郡张飞相友善；以羽、飞为别部司马，分统部曲[4]。备与二人寝则同床，恩若兄弟，而稠人广坐，侍立终日，随备周旋，不避艰险。常山赵云为本郡将吏兵诣公孙瓒，瓒曰："闻贵州人皆愿袁氏，君何独迷而能反乎？"云曰："天下讻讻[5]，未知孰是，民有倒县之厄[6]，鄙州论议，从仁政所在，不为忽袁公，私明将军也。"刘备见而奇之，深加接纳，云遂从备至平原，为备主骑兵。

注释

①据《蜀书》记载，刘备系汉初中山靖王刘胜的儿子陆城亭侯刘贞的后代，但是，自祖父以上，世系不可考。

②履：鞋。

③徇：掠取地盘。

④部曲：古代军队的编制单位，此指军队。

⑤讻讻：喧扰不安。

⑥倒县之厄：百姓遭受像是被倒吊起来一样的痛苦。倒县，即"倒悬"；厄，灾难，困苦。

译文

当初，涿郡人刘备是西汉中山靖王刘胜的后代，幼年孤苦贫寒，与母亲靠贩卖草鞋为生。他身高七尺五寸，双手下垂时超过膝盖，回首能看到自己的耳朵；他有远大的志向，少言寡语，喜怒不形于色。他曾与公孙瓒共同拜卢植为师，因此前往依附公孙瓒。公孙瓒派他与田楷夺取青州，立下了战功，因此让他担任平原相。刘备年轻时与河东人关羽、涿郡人张飞彼此亲密友好；刘备让关羽、张飞担任别部司马，分别统领部队。刘备与二人就寝时就在同一床上，情同手足兄弟，但在公共场所，他们整天站在刘备身边侍卫，跟随刘备与对手追逐较量，不畏惧艰难险阻。常山人赵云率领本郡的官兵投奔公孙瓒，公孙瓒说："听说你们冀州人都愿归顺袁绍，为什么唯独你能迷途知返呢?"赵云答道："天下人惊恐不安，不知道谁是正确的。民众遭受像是被倒吊起来一样的痛苦。我们冀州的百姓在谈论时表示，只是向往仁政所在之处，并不是轻视袁绍偏爱亲附将军啊。"刘备见到赵云就赏识他，便用心结交。赵云于是就随刘备到平原郡，为他统领骑兵。

官渡之战

原文

【汉纪五十五】献帝建安五年（庚辰，200 年）

曹操出兵与袁绍战，不胜，复还，坚壁①。绍为高橹，起土山，射营中，营中皆蒙楯②而行。操乃为霹雳车③，发石以击绍楼，皆破；绍复为地道攻操，操辄于内为长堑以拒之。操众少粮尽，士卒疲乏，百姓困于征赋，多叛归绍者。操患之，与荀彧④书，议欲还许，以致绍师。彧报曰："绍悉众聚官渡，欲与公决胜败。公以至弱当至强，若不能制，必为所乘，是天下之大机也。且绍，布衣之雄耳，能聚人而不能用。以公之神武明哲而辅以大顺，何向而不济！今谷食虽少，未若楚、汉在荥阳、成皋间也。是时刘、项莫肯先退者，以为先退则势屈也。公以十分居一之众，画地而守之，扼其喉而不得进，已半年矣。情见势竭，必将有变。此用奇之时，不可失也。"操从之，乃坚壁持之。

操见运者，抚之曰："却⑤十五日为汝破绍，不复劳汝矣。"绍运谷车数千乘至官渡。荀攸⑥言于操曰："绍运车旦暮至，其将韩猛锐而轻敌，击，可破也！"操曰："谁可使者？"攸曰："徐晃可。"乃遣偏将军河东徐晃与史涣邀⑦击猛，破走之，烧其辎重。

冬，十月，绍复遣车运谷，使其将淳于琼等将兵万余人送之，宿绍营北四十里。沮授⑧说绍："可遣蒋奇别为支军于表，以绝曹操之钞。"绍不从。

许攸⑨曰："曹操兵少而悉师拒我，许下余守，势必空弱。若分遣轻军，星行掩袭，许可拔也。许拔，则奉迎天子以讨操，操成禽矣。如其未溃，可令首尾奔命，破之必也。"绍不从，曰："吾要当先取操。"会攸家犯法，审配⑩收系之，攸怒，遂奔操。

操闻攸来，跣⑪出迎之，抚掌笑曰："子卿⑫远来，吾事济矣！"既入坐，谓操曰："袁氏军盛，何以待之？今有几粮乎？"操曰："尚可支一岁。"攸曰："无是，更言之！"又曰："可支半岁。"攸曰："足下不欲破袁氏邪，何言之不实也！"操曰："向言戏之耳。其实可一月，为之奈何？"攸曰："公孤军独守，外无救援而粮谷已尽，此危急之日也。袁氏辎重万余乘，在故市、乌巢，屯军无严备，若以轻兵袭之，不意而至，燔⑬其积聚，不过三日，袁氏自败也。"操大喜，乃留曹洪、荀攸守营，自将步骑五千人，皆用袁军旗帜，衔枚⑭缚马口，夜从间道⑮出，人抱束薪，所历道有问者，语之曰："袁公恐曹操钞略⑯后军，遣军以益备。"闻者信以为然，皆自若。既至，围屯，大放火，营中惊乱。会明，琼等望见操兵少，出陈门外，操急击之，琼退保营，操遂攻之。

绍闻操击琼，谓其子谭曰："就操破琼，吾拔其营，彼固无所归矣！"乃使其将高览、张郃等攻操营。郃曰："曹公精兵往，必破琼等，琼等破，则事去矣，请先往救之。"郭图⑰固请攻操营。郃曰："曹公营固，攻之必不拔。若琼等见禽，吾属尽为虏矣。"绍但遣轻骑救琼，而以重兵攻操营，不能下。

绍骑至乌巢，操左右或言："贼骑稍近，请分兵拒之。"操怒曰："贼在背后，乃白！"士卒皆殊死战，遂大破之，斩琼等，尽燔其粮谷，士卒千余人，皆取其鼻，牛马割唇舌，以示绍军。绍军将士皆恟⑱惧。郭图惭其计之失，复谮⑲张郃于绍曰："郃快军败。"郃忿惧，遂与高览焚攻具，诣操营降。曹洪疑，不敢受，荀攸曰："郃计画⑳不用，怒而来奔，君有何疑！"乃受之。

于是绍军惊扰，大溃。绍及谭等幅巾㉑乘马，与八百骑渡河。操追之不及，尽收其辎重、图书、珍宝。余众降者，操尽坑之，前后所杀七万余人。

沮授不及绍渡，为操军所执，乃大呼曰："授不降也，为所执耳！"操与之有旧，迎谓曰："分野殊异，遂用圮绝㉒，不图今日乃相禽也！"授曰："冀州失策，自取奔北。授知力俱困，宜其见禽。"操曰："本初无谋，不相用计，今丧乱未定，方当与君图之。"授曰："叔父、母弟，县命㉓袁氏，若蒙公灵，速死为福。"操叹曰："孤早相得，天下不足虑也。"遂赦而厚遇焉。授寻谋归袁氏，操乃杀之。

操收绍书中，得许下及军中人书，皆焚之，曰："当绍之强，孤犹不能自保，况众人乎！"

冀州城邑多降于操。袁绍走至黎阳北岸，入其将军蒋义渠营，把其手曰："孤以首领相付矣！"义渠避帐而处之，使宣号令。众闻绍在，稍复归之。

或谓田丰[24]曰："君必见重矣。"丰曰："公貌宽而内忌，不亮吾忠，而吾数以至言[25]迕之，若胜而喜，犹能救我，今战败而恚，内忌将发，吾不望生。"绍军士皆拊膺[26]泣曰："向令田丰在此，必不至于败。"绍谓逢纪[27]曰："冀州诸人闻吾军败，皆当念吾，惟田别驾前谏止吾，与众不同，吾亦惭之。"纪曰："丰闻将军之退，拊手大笑，喜其言之中也。"绍于是谓僚属曰："吾不用田丰言，果为所笑。"遂杀之。初，曹操闻丰不从戎，喜曰："绍必败矣。"及绍奔遁[28]，复曰："向使绍用其别驾计，尚未可知也。"

审配二子为操所禽，绍将孟岱言于绍曰："配在位专政，族大兵强，且二子在南，必怀反计。"郭图、辛评亦以为然。绍遂以岱为监军，代配守邺。护军逢纪素与配不睦，绍以问之，纪曰："配天性烈直，每慕古人之节，必不以二子在南为不义也。愿公勿疑。"绍曰："君不恶之邪？"纪曰："先所争者，私情也；今所陈者，国事也。"绍曰："善！"乃不废配，配由是更与纪亲。冀州城邑叛绍者，绍稍复击定之。

绍为人宽雅，有局度，喜怒不形于色，而性矜愎自高，短于从善，故至于败。

注释

①坚壁：加固营垒。

②楯：此处读 dùn，通"盾"，盾牌。

③霹雳车：古代以机械发石的战车。

④荀彧（163—212）：字文若，颍川郡颍阴县（今河南许昌）人，曹操麾下重要谋士。

⑤却：还有，再有。

⑥荀攸（157—214）：字公达，颍川郡颍阴县（今河南许昌）人。荀

彧之侄，曹操的重要谋士之一，杰出战术家，被称为曹操的“谋主”，官至尚书令，谥封敬侯。

⑦邀：堵截，拦击。

⑧沮授（？—200）：广平（今河北鸡泽县）人。袁绍的谋士。

⑨许攸：字子远，荆州南阳（今河南南阳）人。许攸年轻时与袁绍、曹操相友善，先成为袁绍谋士，官渡之战时，归仕曹操。

⑩审配（？—204）：字正南，魏郡阴安县（今河北魏县）人。袁绍谋士。

⑪跣：光着脚。

⑫子卿：即许攸，依胡三省注，此处呼为子卿，贵之也。

⑬燔：读 fán，焚烧。

⑭衔枚：横枚衔于口中，以禁喧哗，也比喻寂静无声。

⑮间道：小路。

⑯钞略：即“抄掠”，抢劫，掠取财物。

⑰郭图：字公则，颍川（今河南禹州）人，与下文的辛评俱为袁绍谋士。

⑱恟：读 xiōng，恐惧，害怕。

⑲谮：读 zèn，说人坏话，诬陷别人。

⑳计画：谋划，考虑。

㉑幅巾：束发用的丝巾，古代男子不戴帽子时，用一幅绢束发，这是一种儒雅的装束。

㉒圮绝：断绝。圮，读 pǐ。

㉓县命：把性命托付给人，等于说性命攸关。

㉔田丰：字元皓，钜鹿（今河北巨鹿）人。袁绍谋士，官至冀州别驾，为人刚直，曾多次向袁绍进言而不被采纳，官渡之战后，被袁绍杀害。

㉕至言：真话，实话。

㉖拊膺：拍胸，多表示悲愤痛心。

㉗逢纪：也写作“逄纪”，初为袁绍谋士，袁绍死后追随袁尚，不久被袁谭所杀。

㉘奔遁：亡命逃跑。

译文

曹操出兵与袁绍交战，不能取胜，又退回军营，加固壁垒备战。袁绍军队建起高台，堆起土山，向曹营射箭，曹军在营中都要用盾牌遮挡飞箭才能行走。曹操于是制作霹雳车，发射石块攻打袁绍的高台，将其全部摧毁；袁绍军队又挖地道进攻曹操，曹操军队就在军营内挖长长的沟壕来抵御袁军。曹操士兵少粮食尽，士兵疲惫不堪，百姓被沉重的赋税所困扰，多数叛逃而降附袁绍。曹操很是忧虑，给荀彧写信，商量准备退回许都，来引诱袁绍的军队深入。荀彧回信说："袁绍倾其全部军队聚集到官渡，打算与您决一胜负。您以最弱的军队抵抗最强大的敌人，如果不能制伏敌人，就将被敌人战胜，这正是夺取天下的关键。而且袁绍只是平民百姓中的杰出者罢了，能聚集人才却不能任用。凭借您的神明威武和明智通达事理的秉性，加上您尊奉天子名正言顺，做什么事情做不成呢！现在粮食虽少，但还没有像楚、汉在荥阳、成皋对峙时的困境。那时刘邦、项羽没有谁肯先向后撤，因为先后撤就处于劣势。您凭借只有袁绍十分之一的军队，坚守阵地，扼住袁军的咽喉使其不能前进，已有半年了。您在军事上弱势已经暴露，军事力量已经衰竭到了最后，必将发生变化，这正是出奇兵的时机，一定不能放弃。"曹操听从荀彧的话，于是坚守营垒，与袁绍对峙。

曹操见到运输粮草的人，安抚他们说："再过十五天，为你们击溃袁绍，不再麻烦你们了。"袁绍的运粮车几千辆将到达官渡，荀攸对曹操说："袁绍运送辎重的车队早晚就要来了，负责押运的大将韩猛勇敢而轻敌，进攻，可以击溃他！"曹操说："谁可以派遣呢？"荀攸说："徐晃最适合。"于是曹操派遣偏将军河东人徐晃与史涣在半路截击韩猛，击破韩猛并赶走他，烧毁袁军的辎重。

冬天，到了十月，袁绍又派遣车辆运送粮草，派他的大将淳于琼等率军一万余人护送，停留在袁绍军营以北四十里处。沮授劝袁绍说："可派遣蒋奇率主力部队之外另一支军队，在外围巡行，来防备曹操军队抢掠。"袁绍没有听从。

许攸说："曹操兵力少，而集中全军来抵抗我军，许都由剩余的人守卫，力量必定空虚处于弱势，如果派一支队伍轻装前进，连夜突然袭击，许都就可以攻下。攻占许都后，就奉迎天子来讨伐曹操，一定能捉住曹操。如果他没有被击溃，可以让他首尾不能相顾，疲于奔命，攻破他是必然的。"袁绍没有听从他的建议，说："我应当先捉住曹操。"适逢许攸家里有人犯法，审配逮捕了他们，许攸大怒，就投奔了曹操。

曹操听说许攸来投奔，顾不上穿鞋光着脚出来迎接他，拍手笑着说："子卿从远方而来，我的大事成功了！"入座以后，许攸对曹操说："袁绍军队势力强大，你凭借什么来对付他？现在还有多少粮草？"曹操说："还可以支撑一年。"许攸说："不是这样，再说一次！"曹操又说："可以支撑半年。"许攸说："您不想击破袁绍吗？为什么说话不实在呢！"曹操说："刚才戏言罢了，其实只可支撑一个月，怎么办呢？"许攸说："您孤军独守，外面没有救援的军队，而粮草已尽，这是危险而急迫的关头。袁绍有一万多装载辎重的车辆，驻扎在故市、乌巢，守军没有严密的防备，如果用轻装部队袭击，趁他们空虚无防备而来，焚毁他们积聚起来的粮草与军用物资，不出三天，袁绍就会自行溃散。"曹操非常高兴，于是留下曹洪、荀攸防守军营，亲自率领步骑兵五千名偷袭，军队一律用袁军的旗号，士兵嘴里衔着小木棍，绑住马嘴，夜里从小路出发，每人抱一捆柴火，所经过的路上遇有人询问，告诉他说："袁公恐怕曹操抢掠后方，派军队以加强守备。"听的人信以为真，都不加戒备。到乌巢后，围住袁军辎重营地，四面放火，袁绍军营受惊而溃乱。这时天已渐亮，淳于琼等人看到曹军兵少，在营门外摆开阵势，曹操猛烈攻击，淳于琼等人退守军营，于是曹军发起进攻。

袁绍听到曹操袭击淳于琼，对他的儿子袁谭说："趁着曹操击溃淳于琼，我攻占他的大营，他一定无处可归。"于是，派遣大将高览、张郃等人攻打曹军大营。张郃说："曹操精兵前往偷袭，必定能攻破淳于琼等，淳于琼等人溃败，那么大势已去，请先去救援淳于琼。"郭图坚持请求进攻曹操军营。张郃说："曹操军营坚固，进攻它一定不能攻克。如果淳于琼等人被擒获，我们都将成为俘虏。"袁绍只是派遣轻骑兵援救淳于琼，而用重兵进攻曹军大营，不能攻下。

袁绍的骑兵到达乌巢，曹操手下有的人说："贼人的骑兵逐渐靠近，请分兵抵抗。"曹操怒喝道："敌人到了背后，再来报告！"曹军士兵都拼死作战，于是把袁军打得大败，斩杀淳于琼等，烧毁袁军全部粮草。杀死袁军士兵一千多名，并将鼻子全都割下，将缴获牛马的嘴唇、舌头也割下，拿给袁绍军队看。袁军将士都很恐惧。郭图因计谋失败而心中羞愧，又向袁绍诬告张郃，说："张郃听说我军失败，十分高兴。"张郃又恨又怕，就与高览烧毁了进攻的装备，到曹营投降。曹洪心中疑虑，不敢接受。荀攸说："张郃的计策不被采用，一怒之下来投奔，您有什么可怀疑的！"于是接受张郃、高览的投降。

这时，袁军惊恐扰乱，全面崩溃。袁绍与袁谭等戴着头巾，骑着快马，率领八百名骑兵渡过黄河北逃。曹军追赶没有赶上，全部缴获了袁绍的辎重、图书和珍宝。袁军残部投降的，曹操将他们全部活埋，前后被杀死的有七万余人。

沮授没有赶上与袁绍渡河逃走，被曹军俘虏，于是大喊："我不投降，只是被活捉！"曹操与他有老交情，亲自来迎接他，对他说："政治观念的极大不同，就因此导致音信隔绝，不料今天你会被我捉住。"沮授说："袁绍策划不当，自己招致失败。我的才智和能力全都无法施展，应该被擒。"曹操说："袁绍没有谋略，不能采用你的计策，现在天下战乱尚未平定，正好应当与你一同谋划。"沮授说："我叔父、母亲与弟弟的性命都控制在袁绍手中。如果蒙您的圣明，就请快些杀我，这才是我的福气。"曹操叹息说："我如果早些得到你，天下大事都不值得担忧了。"于是赦免沮授，并给予他优厚待遇。沮授不久后图谋逃归袁绍，曹操就将他处死。

曹操在收缴袁绍的书信中发现许都官员以及军中将领的信，他将这些信全部烧掉，说："当袁绍强盛之时，我还不能自保，何况众人呢！"

冀州属下的郡县大多投降曹操。袁绍逃跑到黎阳的黄河北岸，进入他的将军蒋义渠军营中，握着他的手说："我把性命托付给你了。"蒋义渠离开自己的营帐，而让袁绍安身其中，让他在内发号施令，袁军残部听说袁绍在此，又逐渐聚集起来。

有人对田丰说："您一定会被重用。"田丰说："袁绍外貌宽厚而内心忌妒，不能明白我的一片忠心，而我屡次因直言相劝而触犯了他，如果他因胜利而高兴，还能救了我；现在因战败而愤恨，内心妒忌将要发作，我不指望能活下去。”袁军将士都捶胸痛哭，说：“假如让田丰在这里，一定不至于失败。”袁绍对逢纪说：“留在冀州的众人听到我军失败，都会挂念我；只有田丰以前曾经劝谏阻止我出兵，与众人不同，我也感到心中有愧。”逢纪说：“田丰听说将军败退，拍手大笑，庆幸他的预言实现了。”袁绍于是对随员说：“我没有采纳田丰的计策，果然被他耻笑。”就杀掉了田丰。起初，曹操听说田丰没有随军出征，高兴地说：“袁绍一定会失败。”等到袁绍大败奔逃时，曹操又说：“假使袁绍采用他的别驾田丰的计策，胜败还难以预料呢。”

审配的两个儿子被曹军擒获。袁绍部将孟岱对袁绍说：“审配位居高官，独揽大权，其家族颇具规模，兵力强盛，而且他的两个儿子在南方曹操手中，一定怀有背叛的想法。”郭图、辛评也以为是这样的。袁绍就任命孟岱做监军，代替审配镇守邺城。护军逢纪平常与审配不和睦，袁绍用这件事征询护军逢纪的意见，逢纪说：“审配天性刚烈正直，每每仰慕古人的节操，一定不会因为两个儿子在南方曹操手中而做出不义的事来。希望您不要怀疑他。”袁绍说：“你不厌恶他吗?”逢纪说：“先前我与他争论，是私人之间的交情不好；如今我所说的是国家大事啊。”袁绍说：“好!”于是，没有罢免审配。审配自此以后与逢纪的关系日益亲近。冀州属下一些背叛袁绍的城邑，被袁绍逐渐收复平定。

袁绍为人宽厚文雅，有气度，喜怒不形于色，但性情傲慢又刚愎自用，自视甚高，难于采纳别人的正确意见，因此最终导致失败。

赤壁之战

原文

【汉纪五十七】献帝建安十三年（戊子，208 年）

初，鲁肃闻刘表卒，言于孙权曰：“荆州与国邻接，江山险固，沃野万里，士民殷富，若据而有之，此帝王之资[①]也。今刘表新亡，二子不协[②]，军中诸将，各有彼此。刘备天下枭雄，与操有隙，寄寓于表，表恶其能而不能用也。若备与彼协心，上下齐同，则宜抚安，与结盟好；如有离违，宜别图之，以济大事。肃请得奉命吊表二子，并慰劳其军中用事者，及说备使抚表众，同心一意，共治[③]曹操，备必喜而从命。如其克谐[④]，天下可定也。今不速往，恐为操所先。”权即遣肃行。

到夏口，闻操已向荆州，晨夜兼道，比至[⑤]南郡，而琮已降，备南走，肃径迎之，与备会于当阳长坂。肃宣权旨，论天下事势，致殷勤之意。且问备曰：“豫州今欲何至？”备曰：“与苍梧太守吴巨有旧，欲往投之。”肃曰：“孙讨虏聪明仁惠，敬贤礼士，江表英豪，咸归附之，已据有六郡，兵精粮多，足以立事。今为君计，莫若遣腹心自结于东，以共济世业。而欲投吴巨，巨是凡人，偏在远郡，行将为人所并，岂足托乎！”备甚悦。肃又谓诸葛亮曰：“我，子瑜友也。”即共定交。子瑜者，亮兄瑾也，避乱江东，为孙权长史。备用肃计，进住鄂县之樊口。

曹操自江陵将顺江东下。诸葛亮谓刘备曰：“事急矣，请奉命求救于孙将军。”遂与鲁肃俱诣孙权。亮见权于柴桑，说权曰：“海内大乱，将军起兵江东，刘豫州收众汉南，与曹操并争天下。今操芟夷[⑥]大难，略已平矣，遂破荆州，威震四海。英雄无用武之地，故豫州遁逃至此，愿将军量力而处之！若能以吴、越之众与中国抗衡，不如早与之绝；若不能，何不按兵束甲，北面而事之！今将军外托服从之名而内怀犹豫之计，事急而不断，祸至无日矣。”权曰：“苟如君言，刘豫州何不遂事之乎？”亮曰：“田横，齐之壮士耳，犹守义不辱；况刘豫州王室之胄，英才盖世，众士慕仰，若水之归海。若事之不济，此乃天也，安能复为之下乎！”权勃然曰：“吾不能举全吴之地，十万之众，受制于人。吾计决矣！非刘豫州莫可以当曹操者；然豫州新败之后，安能抗此难乎？”亮曰：“豫州军虽败于长坂，今战士还者及关羽水军精甲万人，刘琦合江夏战士亦不下万人。曹操之众，远来疲敝，闻追豫州，轻骑一日一夜行三百余里，此所谓‘强弩之末势不能穿鲁缟’者也。故《兵法》忌之，曰‘必蹶上将军’。且北方之人，不习水战；又，荆州之民附操者，逼兵势耳，非心服也。今将军诚能命猛将统兵数万，与豫州协规同力，破操军必矣。操军破，必北还；如此，则荆、吴之势强，鼎足之形成矣。成败之机，在于今日！”权大悦，与其群下谋之。

是时，曹操遗⑦权书曰：“近者奉辞伐罪，旌麾南指，刘琮束手。今治⑧水军八十万众，方与将军会猎于吴。”权以示臣下，莫不响震失色。长史张昭等曰：“曹公，豺虎也，挟天子以征四方，动以朝廷为辞；今日拒之，事更不顺。且将军大势可以拒操者，长江也；今操得荆州，奄有其地，刘表治水军，蒙冲斗舰⑨乃以千数，操悉浮以沿江，兼有步兵，水陆俱下，此为长江之险已与我共之矣，而势力众寡又不可论。愚谓大计不如迎之。”鲁肃独不言。权起更衣⑩，肃追于宇下。权知其意，执肃手曰：“卿欲何言？”肃曰：“向察众人之议，专欲误将军，不足与图大事。今肃可迎⑪操耳，如将军不可也。何以言之？今肃迎操，操当以肃还付乡党，品其名位，犹不失下曹从事，乘犊车，从吏卒，交游士林，累官故不失州郡也。将军迎操，欲安所归乎？愿早定大计，莫用众人之议也！”权叹息曰：“诸人持议，甚失孤望。今卿廓开大计，正与孤同。”

时周瑜受使至鄱阳，肃劝权召瑜还。瑜至，谓权曰：“操虽托名汉相，其实汉贼也。将军以神武雄才，兼仗父兄之烈，割据江东，地方数千里，兵精足用，英雄乐业，当横行天下，为汉家除残去秽；况操自送死，而可迎之邪？请为将军筹之：今北土未平，马超、韩遂尚在关西，为操后患；而操舍鞍马，杖舟楫，与吴、越争衡；今又盛寒，马无藁草⑫，驱中国士众远涉江湖之间，不习水土，必生疾病。此数者用兵之患也，而操皆冒行之，将军禽⑬操，宜在今日。瑜请得精兵数万人，进住夏口，保为将军破之!”权曰:“老贼欲废汉自立久矣,徒忌二袁、吕布、刘表与孤耳;今数雄已灭,惟孤尚存。孤与老贼势不两立,君言当击,甚与孤合,此天以君授孤也。”因拔刀斫前奏案曰:“诸将吏敢复有言当迎操者,与此案同!”乃罢会。

是夜,瑜复见权曰:“诸人徒见操书言水步八十万而各恐慑,不复料其虚实,便开此议,甚无谓也。今以实校之,彼所将中国人不过十五六万,且已久疲;所得表众亦极七八万耳,尚怀狐疑。夫以疲病之卒御狐疑之众,众数虽多,甚未足畏。瑜得精兵五万,自足制之,愿将军勿虑!”权抚其背曰:“公瑾,卿言至此,甚合孤心。子布、元表诸人,各顾妻子[14],挟持私虑,深失所望;独卿与子敬[15]与孤同耳,此天以卿二人赞孤也。五万兵难卒[16]合,已选三万人,船粮战具俱办。卿与子敬、程公便在前发,孤当续发人众,多载资粮,为卿后援。卿能办之者诚决,邂逅不如意,便还就孤,孤当与孟德决之。”遂以周瑜、程普为左右督,将兵与备并力逆操;以鲁肃为赞军校尉,助画方略[17]。

刘备在樊口,日遣逻吏于水次候望权军。吏望见瑜船,驰往白备,备遣人慰劳之。瑜曰:“有军任,不可得委署[18];傥能屈威,诚副其所望。”备乃乘单舸往见瑜问曰:“今拒曹公,深为得计。战卒有几?”瑜曰:“三万人。”备曰:“恨少。”瑜曰:“此自足用,豫州但观瑜破之。”备欲呼鲁肃等共会语,瑜曰:“受命不得妄委署。若欲见子敬,可别过之。”备深愧喜。

进,与操遇于赤壁。

时操军众已有疾疫。初一交战,操军不利,引次江北。瑜等在南岸,瑜部将黄盖曰:“今寇众我寡,难与持久。操军方连船舰,首尾相接,可烧而走也。”乃取蒙冲斗舰十艘,载燥荻、枯柴,灌油其中,裹以帷幕,上建旌旗,预备走舸,系于其尾。先以书遗操,诈云欲降。时东南风急,盖以十舰最著前,中江举帆,余船以次俱进。操军吏士皆出营立观,指言盖降。去北军二里余,同时发火,火烈风猛,船往如箭,烧尽北船,延及岸上营落。顷之,烟炎张天,人马烧溺死者甚众。瑜等率轻锐继其后,雷鼓大震,北军大坏。操引军从华容道步走,遇泥泞,道不通,天又大风,悉使羸兵负草填之,骑乃得过。羸兵为人马所蹈藉,陷泥中,死者甚众。

刘备、周瑜水陆并进，追操至南郡。时操军兼以饥疫，死者太半。操乃留征南将军曹仁、横野将军徐晃守江陵，折冲将军乐进守襄阳，引军北还。

注释

①资：凭借的本钱，依托。

②协：和睦。

③治：对付。

④克谐：办妥，办好。

⑤比至：等到到了。

⑥芟夷：消除，除去。

⑦遗：读 wèi，给。

⑧治：治理，管理。

⑨蒙冲斗舰：战船。“蒙冲”即“艨艟”。

⑩更衣：古时上厕所大小便的婉辞。

⑪迎：逢迎，迎合，这里是投降的意思。

⑫藁草：稻草。“藁”读 gǎo。

⑬禽：通“擒”。

⑭妻子：妻子儿女。

⑮子敬：即鲁肃。

⑯卒：读 cù，通“猝”。

⑰助画方略：辅助谋划策略。

⑱委署：擅离职守。

译文

当初，鲁肃听说刘表已死，就对孙权说：“荆州与我国接壤，地理形势坚固险要，土地肥沃，方圆万里，人口众多，生活富裕，如果能占为己有，这是开创帝王大业的本钱啊。现在刘表刚死，他的两个儿子刘琦、刘琮又不和睦，军队中的那些将领，有的拥戴刘琦，有的跟随刘琮。刘备是天下枭雄，与曹操有仇隙，寄居在刘表那里，刘表妒忌他的才能而不肯重用他。如果刘备和刘表的部下们同心协力，上下一致，就应当安抚他们，与他们结盟友好；如果他们离心离德，就应当另做打算，以成就我们的大事。请让我能够奉命去慰问刘表的两个儿子，同时慰劳他们军中的掌权人物，并劝说刘备使他安抚刘表的部下，同心一意，共同对付曹操，刘备一定高兴而听从我们的意见。如果这件事能够成功，天下大势可以决定了。现在不赶快前去，恐怕就被曹操占了先。”孙权即刻派鲁肃出发。

鲁肃到了夏口，听说曹操已经率领大军向荆州进发，就日夜兼程，等到到了南郡，刘琮已投降曹操，刘备向南逃走，鲁肃径直迎上他，与刘备在当阳长坂相会。鲁肃转达孙权的旨意，与他讨论天下大事的发展趋势，表达了恳切慰问的心意。并且问刘备说：“刘豫州现在打算到哪里去呢？”刘备说：“我和苍梧太守吴巨有老交情，打算去投奔他。”鲁肃说：“孙讨虏为人聪明仁惠，敬重、礼待贤才，江南的英雄豪杰都归顺依附他，已经占据了六个郡，兵精粮足，足够用来成就一番大业。现在我替您筹划，不如派遣亲信主动去结好东吴，以共同建立世代相传的事业。但是您却打算投奔吴巨，吴巨是个平庸的人，又处在偏远的郡地，很快被人吞并，怎么能够依托呢！”刘备听后很高兴。鲁肃又对诸葛亮说：“我是子瑜的朋友。”两人随即结交为朋友。子瑜就是诸葛亮的哥哥诸葛瑾，在江东避乱，做了孙权的长史。刘备采纳了鲁肃的计谋，率兵进驻鄂县的樊口。

曹操将要从江陵顺江东下。诸葛亮对刘备说：“事情很危急，请让我奉命去向孙将军求救。”于是与鲁肃一起去拜访孙权。诸葛亮在柴桑见到了孙权，劝孙权说：“天下大乱，将军您在江东起兵，刘豫州在汉南招收兵马，与曹操共同争夺天下。现在曹操削平大乱，大致已稳定局面，接着攻破了荆州，威势震动天下。英雄没有施展本领的地方，所以刘豫州逃遁到这里，希望将军估量自己的实力来对付这个局面！如果您能凭借吴越地区的兵力同中原对抗，不如趁早同他决裂；如果不能，为什么不放下武器、捆起铠甲，向他面北朝拜称臣侍奉呢！现在将军表面上假托服从的名义，而内心里怀着犹豫不决的计策，局势危急而不能决断，大祸马上就要临头了！”孙权说：“假若像你所说的，刘豫州为什么不顺从地向曹操投降呢？”诸葛亮说：“田横，不过是齐国的一个壮士罢了，还能恪守节义不受屈辱；何况刘豫州是大汉王室的后代，英明才智超过天下的人，众人敬仰、倾慕他，就像水归大海一样。如果事情不能成功，这是天意，怎么能再回到曹操手下呢?”孙权勃然大怒说:“我不能拿全东吴的土地,十万将士,受别人控制,我的主意定了!除了刘豫州就没有谁能同我一起抵挡曹操的了;可是刘豫州在刚打了败仗之后,怎么能抗得住这个大难呢?”诸葛亮说:“刘豫州的军队虽然在长坂打了败仗,但是现在归来的士兵加上关羽率领的精锐水兵还有一万人,刘琦收拢江夏的战士也不少于一万人。曹操的军队远道而来且已疲惫不堪,听说追赶刘豫州,轻装的骑兵一天一夜跑三百多里,这就是所说的‘强弓发出的箭到了尽头,连鲁国的薄绢也穿不透’啊。所以《兵法》上忌讳这样做,说‘一定会使主帅遭到挫败’。况且北方人,不习惯在水上作战;还有,荆州的民众归附曹操的原因,不过是被他武力的威势所逼罢了,不是从心里顺服。现在将军如果能命令猛将统领几万大军,与刘豫州协同规划,共同努力,击溃曹操的军队那是一定的了。曹操的军队被击溃,一定会回到北方;如果是这样,那么荆州、吴国的势力就会强大,三国鼎立的局面就会形成。成败的关键,就在今天!”孙权听了非常高兴,就与他的部下谋划这件事。

这时,曹操送给孙权一封信说:“近来我奉圣上的旨意讨伐有罪的人,帅旗指向南方,刘琮投降。现在训练水军八十万,正要同将军在东吴会战。”孙权将这封信拿给部下的人看,没有一个不像听到巨响那样而失去了常态。长史张昭等人说:“曹操是豺狼猛虎,挟持着圣上来征讨天下,动不动以朝廷的名义为借口;现在抗拒他,事情更为不利。况且将军抗拒曹操的主要凭借是长江;现在曹操得到荆州,全部占有了那里的土地,刘表组建的水军,大小战船数以千计,曹操将这些战船全部沿江摆开,同时还有步兵,水陆一齐进攻,这样一来长江的险要地势已经同我们共同占有了。而实力的大小、强弱又不能相提并论。我以为最好的计策是不如投降他。”这时只有鲁肃沉默不语。孙权起身去厕所,鲁肃追到屋檐下。孙权知道他的用意,握着他的手说:“您要说什么?”鲁肃说:“刚才我察看众人的议论,都是专门想妨害将军,不值得与他们谋划大事。现在我鲁肃可以投降曹操,像将军您就不行。为什么这样说呢?现在我投降曹操,曹操会把我送还乡里,品评我的名位,还少不得让我做一个最低等的曹里从事小职,坐牛车,吏卒跟随,与士大夫交往,然后逐渐升官,仍然不低于州郡一类的职位。将军您投降曹操,想得到一个什么归宿呢?希望您早定大计，不要采纳那些人的意见！”孙权叹息说：“这些人所持的议论，让我非常失望。现在你阐明大的计策，正与我的想法一样。”

当时，周瑜奉命到鄱阳去了，鲁肃劝孙权召周瑜回来。周瑜回来，对孙权说：“曹操虽然托名是汉朝丞相，其实是汉朝的奸贼。将军凭着非常的武功和英雄的才略，加上有父兄的功业，占据着江东，土地方圆几千里，武器精良足以满足使用，英雄们愿意为国效力，应当横行天下，替汉朝除去残暴、邪恶之人；况且曹操是自来送死，怎么可以投降他呢！请允许我为将军谋划这件事：现在北方还没有平定，马超、韩遂还在函谷关以西，是曹操的后患；而曹操的军队放弃鞍马，依赖船只，与东吴争高低；现在又逢天气严寒，战马没有草料；曹操率领着中原的士兵长途跋涉在江南水乡，不服水土，一定会生病。这几项都是用兵的禁忌，而曹操却都贸然实行。将军捉拿曹操，应当正在今天。我周瑜请求率领几万精兵，进驻夏口，保证替将军打败他！”孙权说：“曹操老贼想废除汉帝自立为王已经很久了，只是顾忌袁绍、袁术、吕布、刘表与我罢了；现在那几个雄杰已被消灭，只有我还存在。我和老贼势不两立，你说应当迎战，很合我的心意，这是苍天把你交给我啊。”于是拔刀砍断面前放奏章的桌子，说：“各位文武官员，敢有再说应当投降曹操的，就和这个桌子一样！”于是散会。

这天夜里，周瑜再次拜见孙权说：“众人只见曹操信上说水军、步兵八十万而个个害怕，不再考虑它的真假，便发出投降的议论，是很没道理的。现在按实际情况查核，他所率领的中原军队不过十五六万，而且早已疲惫；所得到的刘表的军队，最多七八万罢了，而且都三心二意。征用疲惫染病的士兵，控制三心二意的军队，人数虽多，也很不值得畏惧。我只要有精兵五万，已经足够制伏它，希望将军不要忧虑！”孙权抚摸着周瑜的脊背说：“公瑾，您说到这里，很合我的心意。子布、元表等人只顾及妻子儿女，夹杂着个人的打算，很让我失望；只有您和子敬与我一样，这是老天让你们两个人辅助我啊！五万兵难以在短时间内集合起来，已选好三万人，船只、粮草、战斗用具都已办齐。你与子敬、程公就先行出发，我会继续派出军队，多多装载物资、粮食，做您的后援。您能对付曹操就同他决战，倘若相遇战事不利，就撤回到我这里，我当和曹孟德决一死战。”于是任命周瑜、程普为左、右督，率兵与刘备同力迎战曹操；任命鲁肃为赞军校尉，协助制定计划作战的策略。

刘备驻扎在樊口，天天派巡逻的士兵在江边等候盼望孙权的军队。士兵看到周瑜的船队，就立即驰马回营向刘备报告，刘备赶紧派人前去慰劳周瑜。周瑜对前来慰劳的人说："我有军务在身，不能擅离职守，刘备如果能够屈尊前来会面，那实在是我所期望的。"刘备于是就乘一只小船去见周瑜，问道："现在抗拒曹操，非常契合我心意。但不知道您这次带了多少军队？"周瑜说："三万人。"刘备说："很遗憾太少了。"周瑜说："这已经足够用了，将军您就等着看我如何击溃曹军吧。"刘备想招呼鲁肃等人共同商量，周瑜说："接受军令，不能随意妄自擅离职守。如果您要见鲁肃，可以另去拜访他。"说得刘备既感到惭愧，又感到高兴。

孙、刘联军进军，与曹操的军队在赤壁相遇。

这时曹操军中的士兵们已经有传染病，刚一交战，曹操的军队就失利，曹操率军退到江北驻扎。周瑜的军队驻扎在南岸，周瑜部将黄盖说："现在敌众我寡，很难同他们持久对峙。曹操的军队正好把战船连接起来，首尾相连接，可用火烧来赶走他们。"于是调拨十只大小战船，装满干苇和枯柴，在里面灌上油，外面用帷帐包裹，上面树起旗帜，预备好轻快小船，系在战船的尾部。先送信给曹操，假称要投降。这时东南风来势很急，黄盖把十只战船排在最前头，到江中挂起船帆，其余船只都依次前进。曹操军中的将领、士兵都走出军营站在那里观看，指着说黄盖前来投降。距离曹操军队二里多远时，各船同时点起火来，火势很旺，风势很猛，船只像箭一样往前冲，把曹操的北方战船全部烧毁，并蔓延到岸上军营。霎时间，烟火满天，烧死的、淹死的人马很多。周瑜等率领着轻装的精兵跟在他们后面，擂鼓震天，曹操的军队彻底溃散了。曹操率领军队从华容道步行逃跑，遇上泥泞的道路，道路不能通行，天又刮起大风，就命令疲弱的士兵都去背草填路，骑兵才得以通过。疲弱的士兵被骑兵和步兵所践踏，陷在泥中，死的很多。刘备、周瑜水陆共同进军，追击曹操到了南郡。这时，曹操的军队又因饥饿、瘟疫交加，死了将近大半。曹操于是留下征南将军曹仁、横野将军徐晃把守江陵，折冲将军乐进把守襄阳，自己率领其余的军队回到北方。

二分荆州

原文

【汉纪五十九】献帝建安二十年（乙未，215年）

初，刘备在荆州，周瑜、甘宁等数劝孙权取蜀。权遣使谓备曰："刘璋不武，不能自守，若使曹操得蜀，则荆州危矣。今欲先攻取璋，次取张鲁，一统南方，虽有十操，无所忧也。"备报曰："益州民富地险，刘璋虽弱，足以自守。今暴[①]师于蜀、汉，转运于万里，欲使战克攻取，举不失利，此孙、吴[②]所难也。议者见曹操失利于赤壁，谓其力屈，无复远念；今操三分天下已有其二，将欲饮马于沧海，观兵于吴会，何肯守此坐须老乎！而同盟无故自相攻伐，借枢[③]于操，使敌承其隙，非长计也。且备与璋托为宗室，冀凭威灵以匡汉朝。今璋得罪于左右，备独悚惧，非所敢闻，愿加宽贷[④]。"权不听，遣孙瑜率水军往夏口。备不听军过，谓瑜曰："汝欲取蜀，吾当被发入山，不失信于天下也。"使关羽屯江陵，张飞屯秭归，诸葛亮据南郡，备自住孱陵，权不得已召瑜还。及备西攻刘璋，权曰："猾虏，乃敢挟诈如此！"备留关羽守江陵，鲁肃与羽邻界；羽数生疑贰[⑤]，肃常以欢好抚之。

及备已得益州，权令中司马诸葛瑾以备求荆州诸郡。备不许，曰："吾方图凉州，凉州定，乃尽以荆州相与耳。"权曰："此假而不反[⑥]，乃欲以虚辞引岁[⑦]也。"遂置长沙、零陵、桂阳三郡长吏。关羽尽逐之。权大怒，遣吕蒙督兵二万以取三郡。

蒙移书[⑧]长沙、桂阳，皆望风归服，惟零陵太守郝普城守不降。刘备闻之，自蜀亲至公安，遣关羽争三郡。孙权进住陆口，为诸军节度；使鲁肃将万人屯益阳以拒羽；飞书召吕蒙，使舍零陵急还助肃。蒙得书，秘之，夜，召诸将授以方略；晨，当攻零陵，顾谓郝普故人南阳邓玄之曰："郝子太[⑨]闻世间有忠义事，亦欲为之，而不知时也。今左将军在汉中为夏侯渊所围，关羽在南郡，至尊身自临之。彼方首尾倒县⑩，救死不给，岂有余力复营此哉！今吾计力度虑而以攻此，曾不移日⑪而城必破，城破之后，身死，何益于事，而令百岁老母戴白受诛，岂不痛哉！度此家不得外问，谓援可恃，故至于此耳。君可见之，为陈祸福。”玄之见普，具宣蒙意，普惧而出降。蒙迎，执其手与俱下船，语毕，出书示之，因拊手大笑。普见书，知备在公安而羽在益阳，惭恨入地。蒙留孙河，委以后事，即日引军赴益阳。

鲁肃欲与关羽会语，诸将疑恐有变，议不可往。肃曰：“今日之事，宜相开譬⑫。刘备负国，是非未决，羽亦何敢重欲干命！”乃邀羽相见，各驻兵马百步上，但诸将军单刀俱会。肃因责数羽以不返三郡，羽曰：“乌林之役，左将军身在行间，戮力破敌，岂得徒劳，无一块土，而足下来欲收地邪！”肃曰：“不然。始与豫州觐⑬于长阪，豫州之众不当一校⑭，计穷虑极，志势摧弱，图欲远窜，望不及此。主上矜愍⑮豫州之身无有处所，不爱土地士民之力，使有所庇荫以济其患；而豫州私独饰情，愆德隳好⑯。今已借手⑰于西州矣，又欲翦并⑱荆州之土，斯盖凡夫所不忍行，而况整领人物之主乎！”羽无以答。会闻魏公操将攻汉中，刘备惧失益州，使使求和于权。权令诸葛瑾报命，更寻盟好。遂分荆州，以湘水为界：长沙、江夏、桂阳以东属权，南郡、零陵、武陵以西属备。诸葛瑾每奉使至蜀，与其弟亮但公会相见，退无私面。

注释

①暴：读 pù，暴露，显露。

②孙、吴：指古代的军事家孙武、吴起。

③借枢：借机。

④宽贷：宽容，从宽赦免。

⑤疑贰：因猜忌而生异心。

⑥假而不反：有借无还。假，借；反，通“返”。

⑦虚辞引岁：指拖延时间。

⑧移书：古代官署文书的一种，用于平行官署之间，此处用作动词。

⑨子太：郝普的字。

⑩倒县：即“倒悬”，比喻境况极度困苦危急。

⑪移日：日移影动，言时间长久。

⑫开譬：开导劝说。

⑬觐：拜见。

⑭校：古代军队的编制。

⑮矜愍：怜悯，同情。

⑯愆德堕好：违反道德，毁坏好的（关系）。愆，读 qiān，丧失，毁坏。

⑰借手：借助，假手。

⑱翦并：削弱，吞并。

译文

此前，刘备在荆州驻扎时，周瑜、甘宁等人数次规劝孙权夺取蜀地。孙权派遣使者对刘备说：“刘璋无将帅之才，不能自我守护，如果曹操得到蜀地，那么荆州就危险了。现在我计划先攻打并占领刘璋的蜀地，再击败汉中的张鲁，统一南方，即使有十个曹操，我也没有什么可忧虑的了。”刘备回答说：“益州民众富裕，地势险要，刘璋虽然无将帅之才，但还完全可以有力量保护自己。现在让军队餐风宿露在蜀、汉之间，转运给养在万里驿路上，要想在战争中取胜，攻打并占领，军事行动不失利，就是孙武和吴起也难以做到。参与议论的人见曹操在赤壁战败，认为他军力衰竭，不会再有长远打算；现在三分天下曹操已经占有其二，准备到沧海去饮马，到吴郡会稽来阅兵，怎么会愿意守着这个局面坐等年老呢！而现在抗击曹操的同盟内部却无故自相攻打讨伐，把机会给曹操，让敌人钻了我们的空子，这不是长久之计啊。况且我和刘璋都自托为汉朝宗室，希望凭借祖上的神灵匡扶汉朝。现在刘璋得罪了您，我独自感到害怕不安，不敢听从您的计划，希望您予以宽容。”孙权不听刘备的劝告，派孙瑜率领水军前往夏口。刘备不让孙权的军队通过，对孙瑜说：“你们想要攻取蜀地，我就披头散发，隐遁山林之中，不能在天下人面前失去信誉。”便派关羽驻扎江陵，张飞屯兵秭归，诸葛亮占据南郡，刘备自己停留在孱陵。孙权不得已把孙瑜召回。等到刘备向西进攻刘璋时，孙权说：“好奸狡的敌人，竟敢隐藏假装得如此之深!"刘备留下关羽防守江陵，鲁肃的辖区与关羽的辖区邻界；关羽多生怀疑，鲁肃则经常以友好的态度安抚他。

等到刘备已经占领益州后，孙权派中司马诸葛瑾向刘备索求荆州各郡。刘备没有答应，说："我正考虑夺取凉州，凉州稳定后，就把荆州全部还给你们。"孙权说："这是有借无还，就想用拖延时间作为借口罢了。"于是设置了长沙、零陵、桂阳三郡的长官。关羽全部加以驱逐。孙权大怒，派吕蒙率兵二万人来夺取三郡。

吕蒙向长沙、桂阳发送文书，二郡都望风归服，只有零陵太守郝普据城而守不投降。刘备听到这个消息后，亲自从蜀地抵达公安，派遣关羽率军争夺三郡。孙权把军队开进陆口并驻扎下来，指挥调度各军；派鲁肃率领一万人驻扎在益阳，抵御关羽；用箭系书射送传召吕蒙，让他放弃零陵快速返回去帮助鲁肃。吕蒙接到孙权的书信后，秘密藏了起来。深夜，吕蒙召集诸位将领，颁布了自己的作战方案；早晨，当向零陵发起进攻时，吕蒙回头对郝普的旧友南阳人邓玄之说："郝普听说世间有忠义之事，也想那样做，但他不识时务。现在左将军刘备在汉中被夏侯渊包围，关羽在南郡，主公孙权亲自来征讨，他们好像首尾倒悬，救命都来不及，哪有余力再救援零陵！现在我已考虑周全，将向零陵城发起攻击，不久一定攻进城去，城破之后，郝普自己死了，对整个事情有什么好处呢，而且令百岁白发老母被杀，难道不让人痛心吗！我推测郝普是不能得到外边的音讯，认为有外援可以依赖，所以造成现在这个局面。你应该去见他，为他陈述祸福利害关系。"邓玄之见到郝普后，把吕蒙的意思全都说出来。郝普因恐惧而出城投降。吕蒙亲自迎接，拉着他的手与他一起下船，谈话结束后，吕蒙把孙权的信拿出来给他看，并拍手大笑。郝普看到信，才知道刘备已在公安，而关羽在益阳，惭愧悔恨得要钻到地下。吕蒙留下孙河，委任他处理零陵的后续事务，当天率军奔赴益阳。

鲁肃想与关羽会面谈判，诸位将领疑心害怕发生变故，商量认为鲁肃不要去。鲁肃说："今天的事情，应当是相互开导、劝说。刘备辜负天下人，是非还没有最后的结论，关羽又如何敢再打算谋害我的性命!"于是，邀请关羽会面，各自在百步以外停住自己的兵马，只有诸位将领带佩刀相见。鲁肃趁机以刘备不返还三郡责备数落关羽，关羽说："乌林那次战役，左将军刘备身在行伍中直接参战，竭尽全力击溃了敌人，哪能徒劳而不能拥有一块土地吗？而您竟然要来收取土地了！”鲁肃说：“不是这样。开始在长阪与刘备相见时，他的部众抵挡不了一校人马，计谋已经穷尽，意志和气势被摧毁而低落，打算远逃，那时想不到会有今天。我们主公孙权怜悯刘豫州无处安身，不吝惜土地和普通民众的劳役，使刘豫州有了可以被庇护之地，帮助他渡过难关。而刘豫州却为个人处境谋划，虚情假意，违反道德，损坏我们的友好关系。现在他已得到益州，有了力量，又要兼并荆州土地，这样的事连普通人都不忍心做，何况统领一邦的领袖呢！”关羽无话可答。正在这时，有人说魏公曹操将要进攻汉中，刘备恐怕失去益州，派使者向孙权求和。孙权命令诸葛瑾复命刘备，愿再次寻求结盟友好。于是双方分割了荆州，以湘水为界：长沙、江夏、桂阳以东归属孙权，南郡、零陵、武陵以西归属刘备。诸葛瑾每次作为使者到蜀国，和他的弟弟诸葛亮只在公开会晤上相见，退下后并不私自见面。

魏纪

死诸葛走生仲达

原文

【魏纪四】明帝青龙二年（甲寅，234 年）

司马懿与诸葛亮相守百余日，亮数挑战，懿不出。亮乃遗懿巾帼妇人之服；懿怒，上表请战，帝使卫尉辛毗①杖节②为军师以制之。护军姜维谓亮曰："辛佐治杖节而到，贼不复出矣。"亮曰："彼本无战情，所以固请战者，以示武于其众耳。将在军，君命有所不受，苟能制吾，岂千里而请战邪！"

亮遣使者至懿军，懿问其寝食及事之烦简③，不问戎事④。使者对曰："诸葛公夙兴夜寐，罚二十以上，皆亲览焉；所啖食不至数升。"懿告人曰："诸葛孔明食少事烦，其能久乎！"

亮病笃，汉使尚书仆射李福省侍，因谘以国家大计。福至，与亮语已，别去，数日复还。亮曰："孤知君还意，近日言语虽弥日，有所不尽，更来亦决耳。公所问者，公琰⑤其宜也。"福谢："前实失不咨请，如公百年后，谁可任大事者，故辄还耳。乞复请蒋琬之后，谁可任者？"亮曰："文伟⑥可以继之。"又问其次，亮不答。

是月，亮卒于军中。长史杨仪整军而出。百姓奔告司马懿，懿追之。姜维令仪反旗鸣鼓，若将向懿者，懿敛军退，不敢逼。于是仪结陈⑦而去，入谷然后发丧。百姓为之谚曰："死诸葛走生仲达。"懿闻之，笑曰："吾能料生，不能料死故也。"懿按行⑧亮之营垒处所，叹曰："天下奇才也！"追至赤岸，不及而还。

注释

①辛毗（？—235）：字佐治，颍川阳翟（今河南禹州）人，初从袁绍，后属魏。官至卫尉、颍乡侯。

②杖节：执持符节。

③烦简：多少。

④戎事：战事，军事。

⑤公琰：蒋琬的字。蒋琬初随刘备入蜀，后封大将军，辅佐刘禅治蜀。

⑥文伟：蜀汉名相费祎的字。

⑦结陈：指排列成整齐的队形。“陈”通“阵”。

⑧按行：巡行，巡视。

译文

司马懿与诸葛亮相互对峙一百多天，诸葛亮数次挑战，司马懿坚守不出。诸葛亮就赠送给司马懿妇女的头巾、发饰和衣服；司马懿被激怒，上表请求出战。魏明帝派遣卫尉辛毗执持符节做军师来节制司马懿的行动。护军姜维对诸葛亮说：“辛毗持符节来到，贼军不会再出战了。”诸葛亮说：“司马懿本来就没有作战的想法，坚决请求作战的原因，是向他的部众展示敢于进行军事行动的决心罢了。将军在军中，君王的命令可以不接受，如果他能战胜我军，哪里用得着远隔千里而请求作战呢！”

诸葛亮派遣使者到司马懿军中，司马懿向使者询问诸葛亮的睡眠、饮食和处理杂事的多少，不询问军事上的情况，使者回答说：“诸葛公早起晚睡，处罚二十杖以上的公文，他都亲自阅览；所吃的食物不到几升。”司马懿告诉人说：“诸葛亮进食减少而事务繁杂，他还能活多久呢！”

诸葛亮病重，汉主派遣尚书仆射李福前来探望，借机询问国家大事。李福到后与诸葛亮谈话结束，辞别而去，数日后又返回。诸葛亮说：“我知道您返回来的用意，近几天虽然整天谈话，有些事还没有交待，再来也可以做决定了。你所要问的事蒋琬最适合。”李福道歉说：“此前确实疏忽不曾询问，如您百年以后，谁可以担此重任，所以就又返回。再请问蒋琬之后，谁可担此重任?”诸葛亮说：“费祎可以继任。”又问费祎以后的事情，诸葛亮不回答。

此月，诸葛亮在军营中病逝。长史杨仪整顿军队而撤军。百姓跑着去告知司马懿，司马懿追赶汉军。姜维令杨仪调转战旗方向，擂响战鼓，好像是向司马懿进攻。司马懿收军撤退，不敢逼近。于是杨仪将军队布阵离去，进入斜谷之后才发丧。百姓为此事编了谚语说：“死诸葛走生仲达。”司马懿听到这件事后，笑着说：“这是我能够料到诸葛亮活着，不能料到诸葛亮已死的缘故啊。”司马懿到诸葛亮驻军营垒处巡视，感叹说：“天下奇才啊!”追汉军到赤岸，没有追上就退兵而还。

嵇康、阮籍轻蔑礼法

原文

【魏纪十】元帝景元三年（壬午，262 年）

谯郡嵇康，文辞壮丽，好言老、庄而尚奇任侠，与陈留阮籍、籍兄子咸、河内山涛、河南向秀、琅邪王戎、沛人刘伶特相友善，号竹林七贤。皆崇尚虚无，轻蔑礼法，纵酒昏酣，遗落世事。

阮籍为步兵校尉，其母卒，籍方与人围棋，对者求止，籍留与决赌。既而饮酒二斗，举声一号，吐血数升，毁瘠骨立。居丧[①]，饮酒无异平日。司隶校尉何曾恶之，面质籍于司马昭座曰："卿，纵情、背礼、败俗之人，今忠贤执政，综核名实，若卿之曹，不可长也！"因谓昭曰："公方以孝治天下，而听[②]阮籍以重哀饮酒食肉于公座，何以训人！宜摈[③]之四裔，无令污染华夏。"昭爱籍才，常拥护之。曾，夔之子也。

阮咸素幸姑婢；姑将婢去，咸方对[④]客，遽借客马而追之，累骑[⑤]而还。

刘伶嗜酒，常乘鹿车[⑥]，携一壶酒，使人荷锸[⑦]随之，曰："死便埋我。"当时士大夫皆以为贤，争慕效之，谓之放达。

钟会方有宠于司马昭，闻嵇康名而造[⑧]之，康箕踞而锻[⑨]，不为之礼。会将去，康曰："何所闻而来，何所见而去？"会曰："闻所闻而来，见所见而去！"遂深衔之。

山涛为吏部郎，举康自代；康与涛书，自说不堪流俗，而非薄汤、武。昭闻而怒之。康与东平吕安亲善，安兄巽诬安不孝，康为证其不然。会因谮"康尝欲助毌丘俭[⑩]，且安、康有盛名于世，而言论放荡，害时乱教，宜因此除之"，昭遂杀安及康。康尝诣隐者汲郡孙登，登曰："子才多识寡，难乎免于今之世矣！"

注释

①居丧：居忧。父母死后，在家守丧，不治外事。

②听：听任。

③摈：排斥，抛弃。此处指流放。

④对：此处指招待客人。

⑤累骑：两人共骑一马。

⑥鹿车：言其小仅可容鹿。

⑦锸：读 chā，锹。

⑧造：拜访。

⑨锻：打铁。

⑩毌（guàn）丘俭：依胡三省注，毌丘俭要造反，而嵇康欲助之。毌丘，复姓。

译文

谯郡人嵇康，文章写得气势宏壮、词藻清丽，喜好谈论《老子》《庄子》，并且崇尚出人意外和抑强扶弱的举动。他与陈留人阮籍、阮籍的侄子阮咸、河内人山涛、河南人向秀、琅邪人王戎、沛国人刘伶是彼此非常好的朋友，被人们称为竹林七贤。他们都尊崇道教的“虚无”论，藐视礼仪、法度，每天纵情饮酒喝得酩酊大醉，把日常事务放在一边。

阮籍担任步兵校尉时，他母亲病逝，阮籍正在与他人下围棋，与他对弈的人请求停下来，阮籍留下来与对方对决和打赌。下完棋后，喝了两斗酒，放声大哭，吐下鲜血数升，因居丧过哀而极度瘦弱，像骨架立在那里。居丧期间，饮酒与平常一样没有区别。司隶校尉何曾很厌恶他，在司马昭座位前当面质问阮籍说：“你是个放纵情欲、违背礼法、败坏风俗的人，如今忠心、贤良之人执掌朝政，综合考核人的名与实，像你这类人，不可能受到重视！”于是就对司马昭说：“您正在以孝道治理天下，却听任阮籍在重孝在身的居丧期间，在您的座位面前饮酒吃肉，以后用什么来教诲其他人？应该把他放逐到四方边远之地，不让他影响华夏的风气。”司马昭爱惜阮籍的才干，常常保护他。何曾是何夔之子。

阮咸平常亲近姑姑的婢女；姑姑带走婢女时，阮咸正好在招待客人，他匆忙借客人的马追赶他们，然后两人骑一匹马回来了。

刘伶饮酒贪杯过度，常常乘一辆小鹿车，携带着一壶酒出游，又让人扛着锹跟随着他，说：“死了就把我埋掉。”当时士大夫都认为他是有德行的人，争相羡慕和仿效他的做法，说这是放达。

钟会正受到司马昭的宠爱，听说嵇康有名气就去拜访他，嵇康伸开双腿像簸箕一样两脚张开，两膝微曲地坐在那里打铁，不按礼节招待钟会。钟会将要离开，嵇康问：“你听到了什么而来，见到了什么而去?”钟会说：“听我所听到的而来，见我所见到的而去!”于是对嵇康怀恨在心。

山涛任吏部郎，举荐嵇康代替自己；嵇康给山涛写信，说自己不能忍受世俗的束缚，非议轻薄商汤和周武王。司马昭听到后对此事很生气。嵇康与东平人吕安是亲近友善的朋友，吕安之兄吕巽诬陷吕安不孝顺，嵇康给他作证说他不是这样。钟会趁机诬告他说：“嵇康曾经想帮助造反的毌丘俭，而且吕安、嵇康在社会上享有很高的名望，但他们的言论随意放纵，危害时俗，扰乱教化，应当借此机会除掉他们。”司马昭就杀掉吕安和嵇康。嵇康曾去拜访隐士汲郡人孙登，孙登说：“你很有才能，但见识不广，很难在当今之世免于被杀!”

晋　纪

王恺石崇比富

原文

【晋纪三】武帝太康三年（壬寅，282 年）

春，正月，丁丑朔[①]，帝亲祀南郊。礼毕，喟然[②]问司隶校尉刘毅曰："朕可方[③]汉之何帝?"对曰："桓、灵。"帝曰："何至于此?"对曰："桓、灵卖官钱入官库，陛下卖官钱入私门。以此言之，殆不如也。"帝大笑曰："桓、灵之世，不闻此言，今朕有直臣，固为胜之。"

毅为司隶，纠绳[④]豪贵，无所顾忌。皇太子鼓吹[⑤]入东掖门，毅劾奏之。中护军、散骑常侍羊琇，与帝有旧恩，典[⑥]禁兵，豫[⑦]机密十余年，恃宠骄侈，数犯法。毅劾奏琇罪当死；帝遣齐王攸私请琇于毅，毅许之。都官从事广平程卫径驰入护军营，收琇属吏，考问阴私，先奏琇所犯狼籍，然后言于毅。帝不得已，免琇官。未几，复使以白衣[⑧]领职。

琇，景献皇后之从父[⑨]弟也；后将军王恺，文明皇后之弟也；散骑常侍石崇，苞之子也。三人皆富于财，竞以奢侈相高[⑩]：恺以粭[⑪]澳[⑫]釜，崇以蜡代薪；恺作紫丝步障[⑬]四十里，崇作锦步障五十里；崇涂屋以椒，恺用赤石脂。帝每助恺，尝以珊瑚树赐之，高二尺许。恺以示崇，崇便以铁如意碎之；恺怒，以为疾己之宝。崇曰："不足多恨，今还卿!"乃命左右悉取其家珊瑚树，高三四尺者六七株，如恺比者甚众，恺怳然自失。

车骑司马傅咸上书曰："先王之治天下，食肉衣帛，皆有其制，窃谓奢侈之费，甚于天灾。古者人稠地狭，而有储蓄，由于节[⑮]也。今者土旷人稀，而患不足，由于奢也。欲人崇俭，当诘[⑯]其奢，奢不见诘，转相高尚[⑰]，无有穷极矣!"

注释

①朔：农历每月初一日。

②喟然：长叹息的样子。

③方：比。

④纠绳：揭发惩处。

⑤鼓吹：演奏乐曲的乐队，此处指吹打着乐器。

⑥典：掌管。

⑦豫：通“与”，参与。

⑧白衣：古代无功名的人的代称，此指平民。

⑨从父：伯父或叔父。

⑩高：尊重。

⑪粭：用麦芽或谷芽制成的糖浆。

⑫澳：擦，洗刷。

⑬步障：用以遮蔽风尘或视线的一种屏障。

⑭制：规章制度。

⑮节：节俭。

⑯诘：责问，禁止。

⑰高尚：尊重，崇尚。

译文

春天，正月初一是丁丑日，晋武帝亲自到京城南面的郊外祭祀。典礼仪式完毕后，晋武帝感慨地询问司隶校尉刘毅说：“我可以和汉朝的哪个帝王相比？”刘毅回答说：“桓帝、灵帝。”晋武帝说：“怎么到了这种地步？”刘毅说：“桓帝、灵帝卖官的钱都缴纳给官府的仓库，陛下卖官的钱都进了您私人的住宅，按照这样来说，大概还不如桓帝、灵帝。”晋武帝大笑道：“桓帝、灵帝的时代，不能听到这样的话，现在朕有正直的大臣，已经是超过桓帝、灵帝了。”

刘毅任司隶校尉，督察纠正豪门权贵，没有什么顾虑和惧怕。皇太子吹打着乐器进入东掖门，刘毅就上奏皇帝弹劾他。中护军、散骑常侍羊琇，曾有恩于晋武帝，他掌管皇帝的禁兵，参与朝廷机密要事十几年来，倚仗着皇帝的宠爱，骄纵奢侈，多次触犯刑律。刘毅向晋武帝检举羊琇的罪行，认为羊琇的罪行应当被处死，晋武帝派齐王司马攸私下里向刘毅为羊琇求情，刘毅应允了他。都官从事、广平人程卫，骑马直接进入护军营，拘捕了羊琇的下属官吏，拷打审问他暗中所做的隐秘不可告人之事。他先把羊琇所犯下的行为不检点的事上奏皇帝，然后告诉给刘毅。晋武帝无可奈何，免去羊琇的官。没有多久，又让他以平民的身份兼任职务。

羊琇是景献皇后的叔伯堂弟；后将军王恺，是文明王皇后的弟弟；散骑常侍石崇，是石苞的儿子。这三个人都拥有丰厚的家财，他们竞相用奢侈相比，谁最奢侈就最受尊重。王恺用糖浆刷锅，石崇就用蜂蜡代替柴烧；王恺用紫色的蚕丝作屏帐四十里，石崇就用织锦作屏帐五十里；石崇用花椒粉和泥涂房屋，王恺就用赤石脂和泥涂墙。晋武帝每每帮助王恺，曾经以珊瑚树赏赐给他，高达二尺多。王恺把珊瑚树拿来给石崇看，石崇就用铁如意将珊瑚树打碎了；王恺很气愤，认为石崇是嫉妒自己的宝贝。石崇说："不值得多遗憾，现在还你。"于是让手下人把家中的珊瑚树全部拿出来，其中高三四尺的有六七棵，与王恺珊瑚树相同的有很多，王恺茫然失意，手足无措。

车骑司马傅咸上书说："先王治理天下，对食肉、穿丝织的衣服，都有相应的规定。我私下认为奢侈所造成的浪费，比天灾还要严重。古代人多地少却有积蓄，是因为节俭的缘故。现在土地空旷，人口稀少，而忧虑物品不充足，是因为奢侈的缘故啊。想让人们崇尚节俭，应当禁止他们奢侈的习惯，奢侈不被禁止，反而互相攀比，那就没有穷尽了！"

谢安举贤不避亲

原文

【晋纪二十六】孝武帝太元二年（丁丑，377 年）

初，中书郎郗超自以其父愔位遇应在谢安之右，而安入掌机权①，愔优游散地②，常愤邑③形于辞色，由是与谢氏有隙。是时朝廷方以秦寇为忧，诏求文武良将可以镇御北方者，谢安以兄子玄应诏。超闻之，叹曰："安之明，乃能违众举亲；玄之才，足以不负所举。"众咸以为不然。超曰："吾尝与玄共在桓公府，见其使才，虽履屐间④未尝不得其任，是以知之。"

注释

①机权：机智权谋。此指重要的职位。

②优游散地：在自己的领地悠闲自得，喻不得重用。

③愤邑：亦作"愤悒"，愤恨忧郁。

④履屐间：比喻小事。履屐，鞋，也借指脚。

译文

当初，中书郎郗超自认为他的父亲郗愔的官位和待遇应该在谢安之上，谢安入朝掌握了权柄，郗愔却在闲散的职位上得不到重用，郗超的愤恨抑郁之情时常溢于言表，因此与谢氏产生了嫌隙。这时朝廷正对前秦的入侵而忧虑，下诏征求文武良将中可以镇守防御北方前秦的人，谢安让他兄长的儿子谢玄应诏。郗超听说这件事情后，慨叹道："谢安是贤明的人，才能够避开众人举荐他的亲人；谢玄的才能，完全可以不辜负谢安的推荐。"众人都认为不是这样。郗超说："我曾经与谢玄一起在桓温的府上，见他施展才能，即使是小事也未曾失职，所以我了解他。"

淝水之战

原文

【晋纪二十七】孝武帝太元八年（癸未，383年）

秦王坚下诏大举入寇，民每十丁遣一兵；其良家子年二十已下，有材勇者，皆拜羽林郎①。又曰："其以司马昌明②为尚书左仆射，谢安③为吏部尚书，桓冲为侍中；势还不远④，可先为起第⑤。"良家子至者三万余骑，拜秦州主簿赵盛之为少年都统。是时，朝臣皆不欲坚行，独慕容垂、姚苌⑥及良家子劝之。阳平公融言于坚曰："鲜卑、羌虏，我之仇雠，常思风尘⑦之变以逞其志，所陈策画，何可从也！良家少年皆富饶子弟，不闲⑧军旅，苟为谄谀之言以会陛下之意。今陛下信而用之，轻举大事，臣恐功既不成，仍有后患，悔无及也！"坚不听。

八月，戊午，坚遣阳平公融督张蚝、慕容垂等步骑二十五万为前锋；以兖州刺史姚苌为龙骧将军，督益、梁州诸军事。坚谓苌曰："昔朕以龙骧建业⑨，未尝轻以授人，卿其勉之！"左将军窦冲曰："王者无戏言，此不祥之征也！"坚默然。

慕容楷、慕容绍言于慕容垂曰："主上骄矜已甚，叔父建中兴之业，在此行也！"垂曰："然。非汝，谁与成之！"

甲子，坚发长安，戎卒六十余万，骑二十七万，旗鼓相望，前后千里。九月，坚至项城，凉州之兵始达咸阳，蜀、汉之兵方顺流而下，幽、冀之兵至于彭城，东西万里，水陆齐进，运漕万艘。阳平公融等兵三十万，先至颍口。

诏以尚书仆射谢石为征虏将军、征讨大都督，以徐、兖二州刺史谢玄为前锋都督，与辅国将军谢琰、西中郎将桓伊等众共八万拒之；使龙骧将军胡彬以水军五千援寿阳。琰，安之子也。

是时秦兵既盛，都下⑩震恐。谢玄入，问计于谢安，安夷然，答曰：

"已别有旨。"既而寂然。玄不敢复言，乃令张玄重请。安遂命驾出游山墅，亲朋毕集，与玄围棋赌墅。安棋常劣于玄，是日，玄惧，便为敌手而又不胜。安遂游陟[11]，至夜乃还。桓冲深以根本为忧，遣精锐三千人援京师；谢安固却之，曰："朝廷处分已定，兵甲无阙[12]，西藩宜留以为防。"冲对佐吏叹曰："谢安石有庙堂之量[13]，不闲将略。今大敌垂至，方游谈不暇，遣诸不经事少年拒之，众又寡弱，天下事已可知，吾其左衽[14]矣！"

冬，十月，秦阳平公融等攻寿阳；癸酉，克之，执平虏将军徐元喜等。融以其参军河南郭褒为淮南太守。慕容垂拔郧城。胡彬闻寿阳陷，退保硖石，融进攻之。秦卫将军梁成等帅众五万屯于洛涧，栅淮以遏东兵。谢石、谢玄等去洛涧二十五里而军，惮成不敢进。胡彬粮尽，潜遣使告石等曰："今贼盛粮尽，恐不复见大军！"秦人获之，送于阳平公融。融驰使白秦王坚曰："贼少易擒，但恐逃去，宜速赴之！"坚乃留大军于项城，引轻骑八千，兼道就融于寿阳。遣尚书朱序来说谢石等，以为："强弱异势，不如速降。"序私谓石等曰："若秦百万之众尽至，诚难与为敌。今乘诸军未集，宜速击之；若败其前锋，则彼已夺气，可遂破也。"

石闻坚在寿阳，甚惧，欲不战以老[15]秦师。谢琰劝石从序言。十一月，谢玄遣广陵相刘牢之帅精兵五千人趣洛涧，未至十里，梁成阻涧为陈以待之。牢之直前渡水，击成，大破之，斩成及弋阳太守王咏；又分兵断其归津，秦步骑崩溃，争赴淮水，士卒死者万五千人。执秦扬州刺史王显等，尽收其器械军实。于是谢石等诸军，水陆继进。秦王坚与阳平公融登寿阳城望之，见晋兵部阵严肃整齐，又望见八公山上草木皆以为晋兵，顾谓融曰："此亦劲敌，何谓弱也！"怃然始有惧色。

秦兵逼肥水而陈，晋兵不得渡。谢玄遣使谓阳平公融曰："君悬军深入，而置陈逼水，此乃持久之计，非欲速战者也。若移陈小却，使晋兵得渡，以决胜负，不亦善乎！"秦诸将皆曰："我众彼寡，不如遏之，使不得上，可以万全。"坚曰："但引兵少却，使之半渡，我以铁骑蹙而杀之，蔑[16]不胜矣！"融亦以为然，遂麾兵使却。秦兵遂退，不可复止，谢玄、谢琰、桓伊等引兵渡水击之。融驰骑略陈[17]，欲以帅退者，马倒，为晋兵所杀，秦兵遂溃。玄等乘胜追击，至于青冈。秦兵大败，自相蹈藉而死者，蔽野塞川。其走者闻风声鹤唳，皆以为晋兵且至，昼夜不敢息，草行露宿，重以饥冻，死者什七八。初，秦兵小却，朱序在陈后呼曰："秦兵败矣！"众遂大奔。序因与张天锡、徐元喜皆来奔。获秦王坚所乘云母车⑱。复取寿阳，执其淮南太守郭褒。

坚中流矢，单骑走至淮北，饥甚，民有进壶飧、豚髀者，坚食之，赐帛十匹，绵十斤。辞曰："陛下厌苦安乐，自取危困。臣为陛下子，陛下为臣父，安有子饲其父而求报乎？"弗顾而去。坚谓张夫人曰："吾今复何面目治天下乎！"潸然流涕。

是时，诸军皆溃，惟慕容垂所将三万人独全，坚以千余骑赴之。世子⑲宝言于垂曰："家国倾覆，天命人心皆归至尊，但时运未至，故晦迹自藏耳。今秦主兵败，委身于我，是天借之便以复燕祚⑳，此时不可失也，愿不以意气微恩忘社稷之重！"垂曰："汝言是也。然彼以赤心投命于我，若之何害之！天苟弃之，何患不亡？不若保护其危以报德，徐俟其衅㉑而图之！既不负宿心，且可以义取天下。"奋威将军慕容德曰："秦强而并燕，秦弱而图之，此为报仇雪耻，非负宿心也；兄奈何得而不取，释数万之众以授人乎？"垂曰："吾昔为太傅所不容，置身无所，逃死于秦，秦主以国士遇我，恩礼备至。后复为王猛所卖，无以自明。秦主独能明之，此恩何可忘也！若氐运必穷，吾当怀集关东，以复先业耳，关西会非吾有也。"冠军行参军赵秋曰："明公当绍复㉒燕祚，著于图谶㉓。今天时已至，尚复何待！若杀秦主，据邺都鼓行而西，三秦亦非苻氏之有也！"垂亲党多劝垂杀坚，垂皆不从，悉以兵授坚。平南将军慕容暐屯郧城，闻坚败，弃其众遁去；至荥阳，慕容德复说暐起兵以复燕祚，暐不从。

谢安得驿书，知秦兵已败，时方与客围棋，摄书㉔置床上，了无喜色，围棋如故。客问之，徐答曰："小儿辈遂已破贼。"既罢，还内，过户限㉕，不觉屐齿之折。

注释

①羽林郎：汉代官名。皇帝卫军的长官。下文的都统为统率禁卫军

羽林郎的官名。

②司马昌明：即后来的晋孝武帝司马曜（361—396），字昌明，是东晋的第九个皇帝，372年至396年在位。他是晋简文帝的第三个儿子，晋安帝和晋恭帝的父亲。

③谢安（320—385）：字安石，号东山，东晋名臣，祖籍陈郡阳夏（今河南太康）。死后追封太傅兼庐陵郡公。世称谢太傅、谢安石、谢公。下文的桓冲、谢玄、谢琰、桓伊、胡彬、张玄等为东晋将领。

④势还不远：依胡三省注，谓以势言之，克晋之期，近在旦夕，还师不远也。

⑤起第：从家中应征出来，授予官职。

⑥慕容垂：后燕开国君主成武帝（326—396），鲜卑族。384—396年在位。姚苌：后秦开国君主武昭帝（330—393），羌族。384—393年在位。下文的慕容楷、慕容绍、张蚝、窦冲等时任前秦将军。

⑦风尘：比喻战乱。

⑧闲：通"娴"，熟悉。

⑨龙骧建业：谓苻坚任龙骧将军时杀苻生而得秦国。

⑩都下：京都之下，京城。

⑪游陟：指游山玩水。游，游览；陟，登，升。

⑫无阙：不缺乏。

⑬庙堂之量：身居朝廷的气量。

⑭左衽：古代少数民族的服饰，前襟向左掩，不同于中原地区的右衽。后也用左衽为外族统治的代称。

⑮老：使……老，拖垮。

⑯蔑：没有，不。

⑰略陈：略，巡行、巡视。陈，通"阵"。

⑱云母车：东晋南渡以后，江南的牛多，刺激了牛车的发展。一般王侯乘坐的车叫"云母车"，因这些车都用云母来装饰，且带有屏蔽。当时乘坐云母车是身份地位的象征。

⑲世子：帝王和诸侯的嫡长子，也叫太子。

⑳燕祚：燕国的国统。祚，皇位，国统。

㉑衅：事端，祸端。

㉒绍复：继承复兴。

㉓图谶：符命占验之书。谶，读 chèn。

㉔摄书：拿着信。

㉕户限：门槛。

译文

前秦王苻坚下诏大举入侵东晋，令百姓中每十个成年人差遣一人当兵；良家子中年龄在二十岁以下，有才能而且勇武的，全都官拜羽林郎。有人说："晋朝任命司马昌明为尚书左仆射，谢安为吏部尚书，桓冲为侍中；从当前趋势看，灭晋返回的时间不会太远，可以让百姓先行建立府第。"良家子弟应征而到的有三万多骑兵，苻坚任命秦州主簿赵盛之为少年都统。这时，朝臣都不希望苻坚出征，只有慕容垂、姚苌及那些良家子劝他出征。阳平公苻融对苻坚说："鲜卑、羌族的降服者，是我们的仇敌，常常想着趁战乱发生来达到他们不可告人的目的，他们所陈述的策略和计谋，哪里可以听从呢！良家子的年轻人都是富豪子弟，不熟悉军队，勉强说一些阿谀奉承的话来迎合陛下的想法。现在陛下信任他们并任用他们，轻率地兴起大规模军事行动，我担心既不能成功，仍然留有后患，后悔也来不及了！"苻坚没有听从。

八月戊午日，苻坚派遣阳平公苻融统领张蚝、慕容垂等人的步兵、骑兵二十五万人作为前锋，以兖州刺史姚苌为龙骧将军，督察益州、梁州诸路军事。苻坚对姚苌说："过去朕凭借龙骧将军的职位建立了大业，未曾轻易地以此官位授予别人，你努力干吧！"左将军窦冲说："君王无戏言，这是不祥之兆！"苻坚沉默不语。

慕容楷、慕容绍对慕容垂说："主上的骄傲自负已经太过分，叔父创立中兴大业，在此一举！"慕容垂说："对。没有你们，谁能与我一起成就大业呢！"

甲子日，苻坚从长安出发，有六十多万将士，二十七万骑兵，旌旗和战鼓相望于道，前后绵延千里。九月，苻坚抵达项城，而凉州的军队才到咸阳，蜀、汉的军队正在沿长江顺流而下，幽州、冀州的军队到了彭城，东西长达万里，水陆两路齐头并进，运输军粮的漕船多达万艘。阳平公苻融等人的部队三十万人，最先到达颍口。

东晋孝武帝下诏以尚书仆射谢石为征虏将军、征讨大都督，以徐州、兖州二州的刺史谢玄为前锋都督，与辅国将军谢琰、西中郎将桓伊等人的军队共八万人抵抗前秦；派遣龙骧将军胡彬以五千水军援助寿阳。谢琰是谢安的儿子。

这时，前秦的军队已经非常强盛，京师建康城内的人震惊恐惧。谢玄入朝，向谢安询问对策，谢安一副平静镇定的样子，回答说："朝廷已经另有主意。"紧接着肃静下来。谢玄不敢再问，就让张玄重新请求。谢安于是就命令驾车在山间别墅间巡游，亲戚朋友云集，谢安与谢玄在别墅玩围棋赌博。谢安的下棋水平平常不如谢玄，这一天，谢玄因内心恐惧，就势均力敌而不能获胜。谢安于是就漫游开来，到晚上才返回。桓冲对国家安全的根本大业深以为忧，派精锐部队三千人进入京城援助。谢安坚决地阻拦他，说："朝廷的安排已经决定，士兵武器都不缺乏，你们应该留在西部边境作防备。"桓冲对佐史叹息说："谢安有身居朝廷的才能，但不熟悉带兵的方法。如今大敌将至，还游玩、高谈不止，仅派遣那些未经战事的年轻人抵抗前秦军，再加上人数少，力量弱，朝廷对前秦的战争结局已经可以知道了，我们将要被氐族统治了！"

冬天到了十月，前秦阳平公苻融等进攻寿阳。癸酉日，攻占了寿阳，抓获了东晋平虏将军徐元喜等人。苻融让他的参军河南人郭褒任淮南太守。慕容垂攻取了郧城。胡彬听说寿阳失陷，后退保卫硖石，苻融进军攻打他。前秦卫将军梁成等率领五万军队驻扎在洛涧，沿淮河设置栅栏以遏制东晋的部队。谢石、谢玄等在距离洛涧二十五里的地方驻扎，惧怕梁成而不敢前进。胡彬的粮食耗尽，悄悄地派遣使者告诉谢石等人说："如今贼寇军事力量强盛而我的粮食已经耗尽，恐怕不能再见到大军了！"前秦人抓获了胡彬，把他送给阳平公苻融。苻融派使者飞速向前秦王苻坚报告说："贼寇兵力少容易擒获，只是担心他们逃离，应该快速率兵前来。"苻坚于是将大部分军队留在项城，带领八千轻装骑兵，日夜兼程往寿阳靠近苻融。苻坚派尚书朱序来劝说谢石等人，认为："形势强弱悬殊，不如迅速投降。"朱序私下里对谢石等人说："如果秦国的百万大军全部抵达，确实难以与他们抗衡。如今乘着各路军队没有全部集结，应该迅速攻击他们；如果能击败他的前锋部队，那他们就已经被挫伤锐气，最终就可以攻破他们。”

谢石听说苻坚军队进至寿阳，非常害怕，想采取不交战的办法拖垮前秦的军队。谢琰劝说谢石听从朱序的建议。十一月，谢玄派遣广陵相刘牢之率领五千人的精锐部队逼近洛涧，在距洛涧十里的地方，梁成凭借山涧为险要，布阵以抵御刘牢之。刘牢之竟然向前渡河，攻击梁成，打败梁成，斩杀了梁成以及弋阳太守王咏；又分派部队截断他们退兵的渡口，前秦的步兵、骑兵全都瓦解溃散，争相逃向淮水，士兵死亡的有一万五千人，抓获了前秦扬州刺史王显等人，全部收缴了他们的武器以及军用器械和粮饷。于是谢石等诸路大军，从水路、陆路两路继续前进。前秦王苻坚与阳平公苻融登上寿阳城观望，看见东晋军队部署得军阵严整，又望见八公山上的草木，都把它们看成是东晋的军队，苻坚回头对苻融说：“这也是强敌，怎么能说他们军事力量软弱呢！”惊愕东晋军队数量庞大，脸上开始有了恐惧的神色。

前秦的军队迫近淝水摆开阵势，东晋的军队不能渡过。谢玄派使者对阳平公苻融说：“您孤军深入，却接近淝水布置军阵，这是长期对峙的策略，不是想迅速作战的办法。如果能变动布阵稍微退却，让晋朝的军队能够渡过淝水，以决胜负，不也是很容易的事情吗！”前秦诸位将领都说：“我方军队人数众多而对方军队人数少，不如阻击他们，使他们不能上岸，可以做到万无一失。”苻坚说：“只率领军队稍微后撤，让他们渡过一半人，我用铁骑踩踏并且杀掉他们，没有不能获胜的道理！”苻融也认为是这样，于是就指挥军队让他们后退。前秦的军队就开始后退，一退不能再停止。谢玄、谢琰、桓伊等率领军队渡过淝水攻打他们。苻融驱马疾行巡视阵地，想来统率败退的军队，结果战马倒地，被东晋的士兵所杀，前秦的军队于是就散乱了。谢玄等人乘胜追击，达到青冈；前秦的军队大败，相互践踏而死的人，遮蔽田野堵塞河流。那些逃跑的人听到刮风的声音和鹤的鸣叫，都以为是东晋的追兵将至，昼夜不敢停息，在草野中行走在野外住宿，再加上挨饿受冻，死亡的人十有七八。当初，前秦的军队稍微后撤时，朱序在秦军阵后面高声呼喊：“秦军失败了！”秦军士兵于是大范围逃跑。朱序乘机与张天锡、徐元喜都来投奔东晋。缴获了前秦王苻坚所乘坐的云母车。又攻占了寿阳，抓获了前秦的淮南太守郭褒。

苻坚被流箭射中，独自骑马逃奔淮河以北，非常饥饿，有的民众送来了用壶盛的汤饭熟食、猪大腿，苻坚吃了下去，赏赐给他们十匹布帛，十斤绵。这些人推辞说：“陛下把安乐视为讨厌和痛苦的事，自己招致了危急困穷。臣是陛下的儿子，陛下是臣的父亲，哪里有儿子拿食物给父亲吃还求回报的呢！”他们连头也没回就离开了。苻坚对张夫人说：“我现在还有什么面目去治理天下呢！”便潸然泪下。

这时，前秦的各路军队全都溃散，只有慕容垂所统领的三万人得以保全，苻坚带领一千多骑兵投奔他。长子慕容宝对慕容垂说：“国家覆灭，天命和人心都归附于至高无上的您，只是当时的运数还没有来到，所以隐居匿迹自我躲藏起来罢了。现在秦主作战失败，托身于我们，这是上天借给我们这个机会来恢复燕国的国统，这个时机不可以失去，希望您不要因为恩义小惠而忘掉了国家的重任！”慕容垂说：“你说得对。然而他以赤诚的心亡命投靠我，像这样为什么要伤害他！上天如果要抛弃他，为什么担心他不灭亡？不如保护他于危难之中以报答他的恩德，慢慢地等待他的祸端再图谋对付他！这样既没有背弃向来的心愿，而且能够用道义夺得天下。”奋威将军慕容德说：“秦国在强大时吞并了燕国，秦国在软弱时图谋他，这是报仇雪耻，不是背弃向来的心愿；兄长你为什么得到了却不取他性命，舍弃数万人马而将它给予别人呢？”慕容垂说：“我过去被燕太傅慕容评所不容纳，藏身没有地方，为了逃脱死亡到了秦国，秦主苻坚用对待国士的礼节礼遇我，恩义礼遇非常周到。后来我又被王猛所出卖，无法自我表白，秦主单单就能明察这件事，这样的恩情怎么能忘呢！如果氐族人的运数将要穷尽，我应当怀柔安集关东的民众，来光复先帝的大业，关西之地应当不会归我所有！”冠军兼参军赵秋说：“明公应当继承复兴燕国的国统，已经明示在图谶上。现在天命已经到了，还要等什么！如果杀掉秦主苻坚，占据邺都后击鼓向西进攻，三秦大地也不是苻氏所有了！”慕容垂的亲信党与大多数人劝他杀掉苻坚，慕容垂都没有听从，把军队全部交给苻坚。平南将军慕容暐驻扎在郧城，听说苻坚失败后，抛弃了他的军队逃走；慕容暐逃到荥阳后，慕容德又劝说慕容暐起兵以复兴前燕的国统，慕容暐没有听从。

谢安接到了经驿站递送的文书，知道前秦的军队已经溃败，当时他正在与客人下围棋，把文书折叠起来放到坐床上，全无欣喜的神色，像过去一样下棋。客人问他是什么事，他缓缓地说："年轻人已经击溃了贼寇。"下完棋后，返回屋里，过门槛时，高兴得没有感觉到屐齿被折断。

宋 纪

社稷之臣古弼

原文

【宋纪六】文帝元嘉二十一年（甲申，444 年）

古弼为人，忠慎质直；尝以上谷苑囿太广，乞减太半以赐贫民，入见魏主[①]，欲奏其事。帝方与给事中刘树围棋，志不在弼；弼侍坐良久，不获陈闻。忽起，捽[②]树头，掣下床，搏其耳，殴其背，曰："朝廷不治，实尔之罪！"帝失容，舍棋曰："不听奏事，朕之过也，树何罪！置之！"弼具以状闻，帝皆可其奏。弼曰："为人臣无礼至此，其罪大矣。"出诣公车，免冠徒跣请罪。帝召入，谓曰："吾闻筑社[③]之役，蹇蹶[④]而筑之，端冕而事之，神降之福。然则卿有何罪！其冠履就职。苟有可以利社稷，便百姓者，竭力为之，勿顾虑也。"

八月，乙丑，魏主畋于河西，尚书令古弼留守。诏以肥马给猎骑，弼悉以弱者给之。帝大怒曰："笔头[⑤]奴敢裁量[⑥]朕！朕还台，先斩此奴！"弼头锐，故帝常以笔目之。弼官属惶怖，恐并坐诛。弼曰："吾为人臣，不使人主盘于游畋，其罪小；不备不虞[⑦]，乏军国之用，其罪大。今蠕蠕[⑧]方强，南寇未灭，吾以肥马供军，弱马供猎，为国远虑，虽死何伤！且吾自为之，非诸君之忧也。"帝闻之，叹曰："有臣如此，国之宝也！"赐衣一袭，马二匹，鹿十头。

它日，魏主复畋于山北，获麋鹿数千头。诏尚书发车五百乘以运之。诏使已去，魏主谓左右曰："笔公必不与我，汝辈不如自以马运之。"遂还。行百余里，得弼表曰："今秋谷悬黄[⑨]，麻菽布野，猪鹿窃食，鸟雁侵费，风雨所耗，朝夕三倍。乞赐矜缓[⑩]，使得收载[⑪]。"帝曰："果如吾言，笔公可谓社稷之臣矣!"

注释

①魏主：指魏太武帝拓跋焘，424—452年在位。

②捽：读zuó，揪，抓。

③筑社：建造社坛。社，祭祀土地神的地方。

④蹇蹶：跛脚，走路不稳，跌跌撞撞的样子。

⑤笔头：笔尖。

⑥裁量：削减，估量、衡量。指不按旨令去做。

⑦不备不虞：没有准备。备、虞，准备，戒备。

⑧蠕蠕：古代北方少数民族的名字。

⑨悬黄：指谷子成熟时的金黄颜色。

⑩矜缓：谨慎地推迟、延缓运送麋鹿。

⑪收载：收割运送。

译文

古弼与人交往忠诚谨慎、朴实正直；曾经因为上谷苑囿面积太大，请求减掉一大半的面积赐给平民百姓，入宫拜见魏太武帝，打算进言陈请这件事。太武帝正在与给事中刘树下围棋，心思没在古弼身上；古弼陪坐了很久，没有获得陈述上闻的机会。他忽然跳起来，揪住刘树的头发，拉下坐床，抓住他的耳朵，殴打他的后背，说："朝廷没有管理好，就是你的过错!"太武帝改变神色，放下棋子说："不听你陈述事情，是朕的过错，刘树有什么过错！放下他!"古弼将实际情况全部上奏给魏太武帝，太武帝完全赞同他的奏请。古弼说："作为臣子我缺乏对陛下的尊重到这种程度，罪过太大了。"说完出宫前往公车署，脱帽、光脚主动承认过错并请求处罚。太武帝召他入宫，对他说："我听说过修建社坛的事，困顿颠蹶地去修建，穿着玄衣和戴着大冠去祭祀，神灵就降福于他。既然这样，你有什么罪过呢！戴上帽子穿上鞋履行你的职责吧。如果是可以有利国家、方便百姓的事，尽全力去做，不要有任何顾忌忧虑。"

八月乙丑日，太武帝在河西狩猎，尚书令古弼留守京城。太武帝下诏将肥壮的马送给随猎的骑兵，古弼把瘦弱的马全部供给他们。太武帝非常气愤地说："笔头奴才胆敢制裁我。我返回皇宫后，先斩了这个奴才！"古弼的头长得很尖，所以太武帝经常用笔尖称他的头。古弼的属吏恐惧，害怕受牵连一起被杀。古弼说："我作为臣子，不让帝王盘旋于出游打猎之中，这个罪过是小的；如果不准备防止意料不到的事情，使统军治国缺少所用的物资，这个罪过是大的。现在蠕蠕正在强大，南方贼寇没有消灭，我把肥壮的马匹供给军队，瘦弱的马匹供皇帝打猎，为国家长远考虑，即使被处死又有什么损害呢！况且是我自己做的，不是你们要担心的。"太武帝听说后，感叹说："有这样的臣子，是国家之宝呀。"赏赐给古弼一套礼服、两匹马和十头鹿。

又一天，太武帝再次在山北打猎，捕获了麋鹿几千头。太武帝下令给尚书派出五百辆车来运送麋鹿。皇帝派出的特使已经离去，太武帝对随从说："笔头公一定不会给我车，你们不如各自用马来运送麋鹿。"于是返回。刚走了一百多里，太武帝收到古弼的奏表说："今年秋谷刚熟，桑麻、大豆遍布田野，野猪和鹿偷吃，飞鸟和大雁啄食，风吹雨打的损耗，早晚会相差三倍。乞请哀怜宽缓运送麋鹿，使能够收获运载完毕。"太武帝说："果然如我说的那样，笔头公可称得上是社稷忠臣啊！"

诤臣高允

原文

【宋纪十】孝武皇帝大明二年（戊戌，458 年）

丙辰，魏高宗还平城，起太华殿。是时，给事中郭善明，性倾巧，说帝大起宫室，中书侍郎高允谏曰："太祖始建都邑，其所营立，必因农隙。况建国已久，永安前殿足以朝会，西堂、温室足以宴息，紫楼足以临望；纵有修广①，亦宜驯致②，不可仓猝。今计所当役凡二万人，老弱供饷又当倍之，期半年可毕。一夫不耕，或受之饥，况四万人之劳费，可胜道乎！此陛下所宜留心也。"帝纳之。

允好切谏，朝廷事有不便，允辄求见，帝常屏左右以待之。或自朝至暮，或连日不出；群臣莫知其所言。语或痛切，帝所不忍闻，命左右扶出，然终善遇之。时有上事为激讦③者，帝省之，谓群臣曰："君、父一也。父有过，子何不作书于众中谏之？而于私室屏处谏者，岂非不欲其父之恶彰于外邪！至于事君，何独不然？君有得失，不能面陈，而上表显谏，欲以彰君之短，明己之直，此岂忠臣所为乎！如高允者，乃忠臣也。朕有过，未尝不面言，至有朕所不堪闻者，允皆无所避。朕知其过而天下不知，可不谓忠乎！"

允所与同征者游雅等皆至大官，封侯，部下吏至刺史、二千石者亦数十百人，而允为郎二十七年不徙官。帝谓群臣曰："汝等虽执弓刀在朕左右，徒立耳，未尝有一言规正；唯伺朕喜悦之际，祈官乞爵，今皆无功而至王公。允执笔佐我国家数十年，为益不少，不过为郎，汝等不自愧乎！"乃拜允中书令。

时魏百官无禄，允常使诸子樵采④以自给。司徒陆丽言于帝曰："高允虽蒙宠待，而家贫，妻子不立。"帝曰："公何不先言，今见朕用之，乃言其贫乎！"即日，至允第，惟草屋数间，布被，缊袍⑤，厨中盐菜而已。帝叹息，赐帛五百匹，粟千斛，拜长子悦为长乐太守。允固辞，不许。帝重允，常呼为令公而不名。

游雅常曰："前史称卓子康、刘文饶之为人，褊心[6]者或不之信。余与高子游处四十年，未尝见其喜愠之色，乃知古人为不诬[7]耳。高子内文明而外柔顺，其言呐呐[8]不能出口。昔崔司徒尝谓余云：'高生丰才博学，一代佳士，所乏者，矫矫[9]风节耳。'余亦以为然。及司徒得罪，起于纤微[10]，诏指临责，司徒声嘶股栗，殆不能言；宗钦[11]已下，伏地流汗，皆无人色。高子独敷陈事理，申释是非，辞义清辩，音韵高亮。人主为之动容，听者无不神耸，此非所谓矫矫者乎！宗爱[12]方用事，威振四海。尝召百官于都坐，王公已下皆趋庭望拜，高子独升阶长揖。由此观之，汲长孺可以卧见卫青[13]，何抗礼[14]之有！此非所谓风节者乎！夫人固未易知；吾既失之于心，崔又漏之于外，此乃管仲所以致恸于鲍叔[15]也。"

注释

①修广：扩大建设工程。修，兴建，建造。

②驯致：慢慢地进行。驯，渐进之意。

③激讦：以直言揭发别人缺失或阴私。

④樵采：打柴。

⑤缊袍：以乱麻为絮的袍子。

⑥褊心：心胸狭小。

⑦不诬：不是假的。诬，虚假，欺骗。

⑧呐呐：口吃，说话艰难。

⑨矫矫：威武的样子。

⑩纤微：极细微的小事。

⑪宗钦（？—450）：北魏名臣，生年不详，少而好学，有儒者之风，博综群书，声著河右。

⑫宗爱：北魏大宦官，官至大司马、大将军、太子太师，封冯翊王。

⑬汲长孺可以卧见卫青：汲长孺即汲黯。汉武帝对卫青的尊崇宠信超过了任何一位朝臣，三公、九卿及以下官员都对卫青卑身奉承，唯独汲黯用平等的礼节对待卫青。有人劝汲黯说："皇上想让群臣全都居于大将军

之下，大将军地位尊贵，您不可以不下拜。”汲黯说：“以大将军身份而有长揖不拜的平辈客人，大将军反而不尊贵了吗?”卫青得知，越发觉得汲黯贤明，多次向汲黯请教国家和朝廷的疑难大事，对待他比平日更为尊重。

⑭抗礼：以平等的礼节相待。

⑮管仲所以致恸于鲍叔：依胡三省注，管仲曰：“生我者父母，知我者鲍子也。”致恸，尽感其知己之深。

译文

丙辰日，北魏文成帝返回平城，兴建太华殿。此时，给事中郭善明本性狡诈，他劝说文成帝大规模建造宫殿。中书侍郎高允劝谏说：“太祖开始兴建京城，在建造过程中，一定要利用农闲时节。况且国家已经建立很久了，永安前殿足以用来朝会，西堂、温室足以用来宴请、歇息，紫楼足以用来登高远眺；纵然要修建、扩大，也应该逐步实现，不能匆忙急迫行事。现在估算应当役使共二万人，而老、病供给差粮的又应当增加一倍，预料半年可以完工。一个农夫不耕种，有的人就挨饿，何况是四万人耗费人力、财力，可以尽说吗！这是陛下应当留心的事。”文成帝接受了他的劝谏。

高允喜欢直言极谏，朝廷的事情有做得不合适的，他就请求晋见，文成帝常常屏退近臣来接待他。有时从早到晚相谈，有时连续几天都不出来；群臣没有人知道他们所谈的内容。有时高允说话有切肤之痛，文成帝难以听下去，就命令近臣把高允搀扶出去，但是始终善加礼遇他。当时有人所上的奏章激烈而率直地批评朝政，文成帝读完奏章后，对群臣说：“君王和父亲是相同的。父亲有过错，儿子为什么不写在纸上在众人面前劝谏，而在家中隐蔽之处劝谏，这难道不是不想让他父亲不好的地方暴露在外吗？至于说侍奉君王，为什么单单不是这样？君王有了过失，不能够当面陈述，却上奏章公开谏诤，想要以此暴露君主的短处，显示自己的公正，这难道是忠臣所应当做的吗！像高允这样的人，才是忠臣啊。我有了过错，没有不当面说的，甚至有的朕也忍受不了，高允都没有回避。我知道了自己的过错但天下人不知道，这能说不是忠心吗！”

与高允同时被征召的游雅等人都做了大官，被封侯，中书吏而曾经跟随高允的人官至刺史、二千石的也有几十人甚至超过百人了，而高允任郎官二十七年没有变动。文成帝对群臣说："你们这些人虽然手持刀箭在朕周围，只是站着罢了，未曾有一句话规劝匡正；只有观察朕高兴时，祈求官爵，现在都没有功劳而官至王公。高允持笔写文章辅佐我治理国家几十年了，作贡献不少，不过是个郎官，你们这些人不感到内心惭愧吗！"于是授高允中书令的官。

当时，北魏百官没有俸禄，高允常让他的儿子们打柴以满足生活需要。司徒陆丽对文成帝说："高允虽然蒙受您的恩遇，但是他家庭贫穷，妻子和孩子无法生存。"文成帝说："你为什么不早说？现在看见朕重用高允，才说他家庭贫穷！"当天，文成帝来到高允住宅，只有草房几间，粗布做的被褥和乱麻为絮做的袍子，厨房里只有咸菜罢了。文成帝赞叹他，赏赐五百匹绢帛，一千斛粟米，授高允的长子高悦为长乐太守。高允再次推辞，文成帝没有答应。文成帝敬重高允，常称他为令公而不叫名字。

游雅曾经说："从前史籍称赞汉代卓子康、刘文饶与人交往，心地狭窄的人有的不相信这些记载。我和高允来往四十年，未曾看见他喜怒的表情，才知道古人是不作假的。高允内心文德辉耀而外表温柔和顺，他说话迟钝好像话不能出口一样。过去司徒崔浩曾经对我说：'高允多才博学，是才学优良的人，所缺乏的只是刚毅的风骨节操罢了。'我也认为是这样。等到司徒崔浩因为一些细微小事获罪，下诏斥责甚至皇帝驾临诘问，崔浩吓得声音嘶哑，两腿发抖，几乎说不出话来；宗钦以下的官员，吓得趴在地上流汗，都面无人色。只有高允详尽地陈述事情的道理，说明解释是非曲直，表达得清晰明了，和谐的声调高亢、洪亮，连皇上听了都为他的陈述显露出被感动的表情，听的人没有不心惊，这不是英勇威武吗？宗爱正当权，使人敬畏的气势在天下显扬。宗爱曾经召集文武百官到议论事的朝堂，王公以下的官员，都慢步接近朝堂远远望见即行叩拜，高允独自走上台阶，只对宗爱行拱手礼。从这件事来看，汉代汲黯可以躺在床上会见卫青，哪里有什么对等的礼节？这不就是所说的高风亮节吗！人本来不容易了解，我们已经错过了对高允的内心文德的了解，崔浩又看漏了他的外在气质，这就是管仲对鲍叔牙的死感到极其悲痛的真正原因！"

齐　纪

范缜盛称无佛

原文

【齐纪二】祖武帝永明二年（甲子，484 年）

子良[①]笃好释氏[②]，招致名僧，讲论佛法，道俗之盛，江左[④]未有。或亲为众僧赋食、行水[④]，世颇以为失宰相体。

范缜盛称无佛。子良曰：“君不信因果，何得有富贵、贫贱?”缜曰：“人生如树花同发，随风而散：或拂帘幌坠茵席之上，或关篱墙落粪溷之中。坠茵席者，殿下是也；落粪溷者，下官是也。贵贱虽复殊途，因果竟在何处!”子良无以难。缜又著《神灭论》，以为：“形者神之质，神者形之用[⑤]也。神之于形，犹利[⑥]之于刀；未闻刀没而利存，岂容形亡而神在哉!”此论出，朝野喧哗，难之终不能屈。太原王琰著论讥缜曰：“呜呼范子！曾不知其先祖神灵所在!”欲以杜缜后对。缜对曰：“呜呼王子！知其先祖神灵所在而不能杀身以从之!”子良使王融谓之曰：“以卿才美，何患不至中书郎；而故乖剌[⑦]为此论，甚可惜也！宜急毁弃之。”缜大笑曰：“使范缜卖论取官，已至令、仆矣，何但中书郎邪!”

注释

①子良：指齐竟陵王萧子良。

②释氏：佛教创始人释迦牟尼的省称，后泛指佛教。

③江左：长江下游以南地区。

④赋食、行水：端饭送水。

⑤用：功用。此处指表现。

⑥利：锐利，锋利。此处指刀刃。

⑦乖剌：违逆，不合。

译文

萧子良十分爱好佛教，他招来各地名僧讲谈论议佛法，出家之人和世俗之人的众多，江南一带还从来没有过。有时萧子良还亲自给众僧们布散饮食，用水洁身以祈佛，世人都认为他有失宰相的身份。

范缜极力声称没有佛。萧子良说："你不相信因果报应，哪里能够谈得上富贵、贫贱呢？"范缜说："人生就像树上的花朵同时开放又随风飘散：有的掠过帘幕落到褥垫上，有的经过篱笆墙落在粪坑里。落到褥垫上的好比是殿下，落到粪坑里的就是下官了。我们之间即使贵贱不同，因果报应究竟在什么地方呢？"萧子良没有办法诘难范缜。范缜又著《神灭论》，认为："身体是精神的本质，精神则是身体的表现。精神对于身体来说，好像刀刃与刀，没有听说过刀没了而刃还在，怎么会有身体消亡了而精神还存在的事情呢！"此论发布后，朝廷上下一片哗然，诘难他的人最终不能使范缜屈服。太原人王琰，写文章讥讽范缜说："哎呀！范缜竟然不知道他祖先的神灵在什么地方！"想以此堵住范缜使他没法回答。范缜回答说："哎呀！王琰知道他祖先的神灵在什么地方却不肯杀身追随！"萧子良派王融对范缜说："凭借你的才华，不必担心不能官至中书郎；却故意发表这种违逆的言论，太可惜了！你应该尽快抛弃这种看法。"范缜大笑说："假如我出卖主张换取官职，早已做到尚书令、仆射了，何止中书郎！"

魏主迁都洛阳

原文

【齐纪四】武帝永明十一年（癸酉，493年）

魏主以平城地寒，六月雨雪，风沙常起，将迁都洛阳；恐群臣不从，乃议大举伐齐，欲以胁众。斋于明堂左[①]个，使太常卿王谌筮之，遇《革》，帝曰："'汤、武革命，顺乎天而应乎人。'吉孰大焉！"群臣莫敢言。尚书任城王澄曰："陛下奕叶[②]重光，帝有中土[③]；今出师以征未服，而得汤、武革命之象，未为全吉也。"帝厉声曰："繇云：'大人虎变'[④]，何言不吉！"澄曰："陛下龙兴[⑤]已久，何得今乃虎变！"帝作色曰："社稷我之社稷，任城欲沮众邪！"澄曰："社稷虽为陛下之有，臣为社稷之臣，安可知危而不言！"帝久之乃解[⑥]，曰："各言其志，夫亦何伤！"

既还宫，召澄入见，逆[⑦]谓之曰："向者'革卦'，今当更与卿论之。明堂之忿，恐人人竞言，沮我大计，故以声色怖文武耳。想识朕意。"因屏人，谓澄曰："今日之举，诚为不易。但国家兴自朔土，徙居平城；此乃用武之地，非可文治。今将移风易俗，其道诚难，朕欲因此迁宅中原，卿以为何如？"澄曰："陛下欲卜宅[⑧]中土，以经略[⑨]四海，此周、汉[⑩]之所以兴隆也。"帝曰："北人习常恋故，必将惊扰，奈何？"澄曰："非常之事，故非常人之所及。陛下断自圣心，彼亦何所能为！"帝曰："任城，吾之子房也！"

魏主自发平城至洛阳，霖雨不止。丙子，诏诸军前发。丁丑，帝戎服，执鞭乘马而出。群臣稽颡[⑪]于马前。帝曰："庙算[⑫]已定，大军将进，诸公更欲何云？"尚书李冲等曰："今者之举，天下所不愿，唯陛下欲之；臣不知陛下独行，竟何之也！臣等有其意而无其辞，敢以死请！"帝大怒曰："吾方经营天下，期于混壹[⑬]，而卿等儒生，屡疑大计；斧钺[⑭]有常，卿勿复言！"策马将出，于是安定王休等并殷勤[⑮]泣谏。帝乃谕群臣曰：

“今者兴发不小，动而无成，何以示后！朕世居幽朔，欲南迁中土；苟不南伐，当迁都于此，王公以为何如？欲迁者左，不欲者右。”南安王桢进曰：“‘成大功者不谋于众。’今陛下苟辍[16]南伐之谋，迁都洛邑，此臣等之愿，苍生之幸也。”群臣皆呼万岁。时旧人[17]虽不愿内徙，而惮于南伐，无敢言者；遂定迁都之计。

注释

①左：地理上以东为左。

②奕叶：累世。

③中土：中原。

④虎变：虎皮的花纹斑斓多彩。比喻因时制宜，革新创制。

⑤龙兴：喻王者兴起。

⑥解：松懈，缓和。

⑦逆：迎着。

⑧卜宅：选择都城。

⑨经略：规划治理，经营谋划。

⑩周、汉：指周成王、汉武帝。

⑪稽颡：古代的一种跪拜礼。两膝盖跪地，两手拱至地，头亦至地。

⑫庙算：战前朝廷确定的谋略。

⑬混壹：即“混一”，统一。

⑭斧钺：本为两种兵器，也泛指刑罚杀戮。

⑮殷勤：情意深厚。

⑯苟辍：如果放弃。

⑰旧人：指与北魏同起于北荒之子孙，即鲜卑族人。

译文

北魏孝文帝因为平城一带气候寒冷，六月下雪，大风及沙尘常常出现，准备迁都洛阳；他担心群臣不同意，就商议大规模讨伐南齐，打算以此胁迫群臣。在明堂东边的偏室斋戒后，让太常卿王谌占卦，得到《革》卦，孝文帝说：“‘商汤和周武王革命，上顺应天命，下顺于民心。’没有比这更吉利的了！”群臣没有人敢议论。尚书任城王拓跋澄说：“陛下几代人盛德相承，占有中原；现在出兵征讨没有臣服的人，而得到了商汤和周武王革命的卦象，并不全是吉利啊。”孝文帝高声说：“繇辞说：‘大人物往往因时制宜，革新创制’，为什么说不吉利呢！”拓跋澄说：“陛下兴起已经很长时间了，为什么现在才推行变革！”孝文帝脸色大变发怒说：“国家是我的国家，任城王想阻止大家吗！”拓跋澄说：“国家虽然是陛下的国家，而我是国家的臣子，怎么能够明知有危险而不说呢？”孝文帝很长时间才缓和了气色，说：“每个人说出自己的看法，这有什么妨碍！”

孝文帝回到皇宫，召拓跋澄入宫朝见，迎面就说：“刚才‘革卦’的事，现在应当与你讨论它。明堂的发怒，是担心每个人都争着发言，阻止我重大的决策，所以用疾言厉色以吓唬文武官员罢了。想着你会知道我的用心的。”于是命令侍从退下，对拓跋澄说：“今天的举动，确实是不容易。只是国家是从北方兴起，迁都到平城；这里是用武力开疆拓土的地方，不适宜用教化来治理。现在，我将改变风俗习惯，这种改革确实困难，朕想借助这个机会迁都中原，你认为怎么样啊？”拓跋澄说：“陛下打算迁都中原，谋划夺取天下，这是周成王和汉武帝兴盛的原因。”孝文帝说：“北方人已经习惯留恋故土，如果迁都，他们一定惊恐骚动，怎么办？”拓跋澄回答说：“不平凡的事，本来就不是平凡的人所能做得了的。陛下的决断出自圣明的心，他们能做什么呢！”孝文帝说：“任城王真是我的张良呀！”

孝文帝从平城出发到洛阳的行程中，大雨没有停止，丙子日，孝文帝诏令各路大军向南进发。到了丁丑日，孝文帝身穿战服，手持马鞭，骑马出发。群臣在马头前叩拜。孝文帝说：“朝廷的作战计划已经决定，各路大军将出发，你们还想说什么呢？”尚书李冲等人说：“现在的举动，天下人都不愿意，只有陛下想实现它；我不知道陛下独自出发，到底要去哪里！我们有报国效忠皇上的心愿却难以表达，愿意冒死请求。”孝文帝非常恼怒，说：“我现在正要规划营治国家，期望天下统一，可你们儒生，多次怀疑这一重大决策；斧钺有它们使用的地方，你们不要再说！”说完赶马准备出发，在这个时候，安定王拓跋休等人情真意切地流泪劝谏。孝文帝于是告诉群臣说：“现在出动军队的规模不小，出动却没有结果，如何给后人看！朕世代居住在幽僻偏远的地方，打算南迁到中原；如果不再向南征讨，应该迁都到这里，你们认为怎么样？同意迁都的站左边，不同意迁都的人站右边。”南安王拓跋桢靠近孝文帝说：“‘干成大事业的人不与众人商量。’现在陛下如果放弃向南征伐的计划，迁都洛阳，这正是我们所希望的，是老百姓的幸运啊。”文武百官都高呼万岁。当时，鲜卑族人虽然不愿意内迁，又害怕向南征伐，没有人敢说什么；于是就定下了迁都大计。

梁纪

临川王货贿[1]巨万

原文

【梁纪四】祖武帝天监十七年（戊戌，518 年）

临川王宏妾弟吴法寿杀人而匿于宏府中，上敕宏出之，即日伏辜[2]。南司奏免宏官，上注曰："爱宏者兄弟私亲，免宏者王者正法；所奏可。"五月戊寅，司徒、骠骑大将军、扬州刺史临川王宏免。

宏自洛口之败，常怀愧愤，都下[3]每有窃发，辄以宏为名，屡为有司所奏，上每赦之。上幸光宅寺，有盗伏于骠骑航[4]，待上夜出；上将行，心动，乃于朱雀航过。事发，称为宏所使，上泣谓宏曰："我人才胜汝百倍，当此犹恐不堪，汝何为者？我非不能为汉文帝[5]，念汝愚耳！"宏顿首称无之，故因匿法寿免宏官。

宏奢僭[6]过度，殖货[7]无厌。库屋垂[8]百间，在内堂之后，关籥[9]甚严，有疑是铠仗者，密以闻。上于友爱甚厚，殊不悦。他日，送盛馔与宏爱妾江氏曰："当来就汝欢宴。"独携故人射声校尉丘佗卿往，与宏及江大饮，半醉后，谓曰："我今欲履行汝后房。"即呼舆径往堂后，宏恐上见其货贿，颜色怖惧。上意益疑之，于是屋屋检视，每钱百万为一聚，黄榜标之，千万为一库，悬一紫标，如此三十余间。上与佗卿屈指计，见钱三亿余万，余屋贮布绢丝绵漆蜜纻蜡等杂货，但见满库，不知多少。上始知非仗，大悦，谓曰："阿六，汝生计大可！"乃更剧饮至夜，举烛而还。兄弟方更敦睦。

宏都下有数十邸，出悬钱[10]立券，每以田宅邸店悬上文契，期讫[11]，便驱券主，夺其宅。都下、东土[12]百姓，失业非一。上后知之，制悬券不得复驱夺，自此始。

注释

①货贿：财物。

②伏辜：服罪。

③都下：京城。

④骠骑航：以萧宏的官名——骠骑大将军命名的浮桥。航，连船而成的浮桥。

⑤为汉文帝：汉文帝时，淮南王刘长废先帝法，不听天子诏，擅为法令，欲以危宗庙社稷，被文帝废黜至蜀，途中自杀。后追谥为厉王。

⑥奢僭：奢侈到超越自己的名分的地步。

⑦殖货：即“货殖”，经商盈利，此指贪敛钱财。

⑧垂：几乎达到。

⑨关籥：门闩和锁钥，本指锁门的工具，此指看管。籥，读 yuè。

⑩悬钱：债务。

⑪期讫：到了规定的期限。

⑫东土：东晋、南朝时特指今苏南、浙江一带。

译文

临川王萧宏小妾的弟弟吴法寿杀人后藏在萧宏府上，梁武帝命令萧宏交出他，当天吴法寿服罪。御史中丞奏请免去萧宏的官职，梁武帝在奏折上批示：“怜惜萧宏是兄弟的偏爱和亲情，免除萧宏的官职是帝王法度；同意御史中丞的奏请。”五月戊寅日，司徒、骠骑大将军、扬州刺史临川王萧宏被免职。

萧宏自从兵败洛口之后，常常怀着羞愧、愤慨之情，京城中每当有造反作乱，都打着萧宏的名号，因此多次被官吏参奏，梁武帝每每赦免他。梁武帝临幸光宅寺，有强盗埋伏在浮桥骠骑航上，等待梁武帝夜晚出行；梁武帝刚要出行，突然感到心中不安，就从另一座浮桥朱雀航上过。事情暴露后，强盗声称是萧宏指使，梁武帝哭着对萧宏说：“我的才能超过你一百倍，处在皇位上还担心不胜任，你想干什么？我不是不能像汉文帝诛杀淮南王刘长那样把你杀掉，只是哀怜你愚蠢啊！”萧宏叩头说没有这回事，终于因为藏匿吴法寿被免官。

萧宏奢侈逾礼，不合法度，增殖财货，没有满足。他有库房将近一百间，位于内进正房的后面，看守得非常严密，有人怀疑内藏兵器，秘报给梁武帝。梁武帝很重兄弟情谊，极不高兴。有一天，梁武帝送给萧宏爱妾江氏丰盛的饭食，并说：“我要来你家欢聚。”他只带了老部下射声校尉丘佗卿前去，和萧宏以及江氏开怀畅饮。半醉之后，梁武帝对萧宏说：“我现在想巡视你的后房。”就吩咐轿夫抬轿径直来到后堂，萧宏担心梁武帝看到他的财物，脸色十分恐惧。梁武帝心中更加怀疑他，于是每间屋子都检查了一遍，看到每一百万钱为一堆，用黄色木片作为标志，每一千万钱存为一间库房，挂一个紫色标志，像这样的库房有三十多间。梁武帝和丘佗卿屈指计算，算出共有三亿多万钱，其他的房间贮存着布、绢、丝、绵、漆、蜜、麻、蜡等杂货，只见满库都是，不知有多少。梁武帝才知道不是兵器，非常高兴，说：“阿六，你的资财太可以了！”于是再行痛饮到半夜，举着蜡烛回宫。兄弟俩才更加亲善和睦。

萧宏在京城里有数十处府第，他放债立债券时，常常让借债者把自己的田地、住宅、店铺作为抵押写在契约上，期限一到，就驱赶借债者，夺取他们的住宅，京城和东土一带百姓，失去产业的不止一人。梁武帝后来知道了这种情况，下令以物抵押贷款的文券不能驱逐掠夺欠债者的产业，这一规定就是从此时开始的。

昭明太子葬母

原文

【梁纪十一】武帝中大通三年（辛亥，531 年）

初，昭明太子葬其母丁贵嫔，遣人求墓地之吉者。或赂宦者俞三副求卖地，云若得钱三百万，以百万与之。三副密启上，言“太子所得地不如今地于上为吉”。上年老多忌，即命市之。葬毕，有道士云：“此地不利长子，若厌①之，或可申延②。”乃为蜡鹅③及诸物埋于墓侧长子位。宫监鲍邈之、魏雅初皆有宠于太子，邈之晚见疏于雅，乃密启上云：“雅为太子厌祷④。”上遣检掘，果得鹅物，大惊，将穷其事，徐勉固谏而止，但诛道士。由是太子终身惭愤，不能自明。及卒，上征其长子南徐州刺史华容公欢至建康，欲立以为嗣，衔其前事，犹豫久之，卒不立，庚寅，遣还镇。

臣光曰：君子之于正道，不可少顷离也，不可跬步失也。以昭明太子之仁孝，武帝之慈爱，一染嫌疑之迹，身以忧死，罪及后昆⑤，求吉得凶，不可湔涤⑥，可不戒哉！是以诡诞之士，奇邪之术，君子远之。

注释

①厌：通“压”，压住，抑制。

②申延：宽延。

③蜡鹅：用蜜蜡制的鹅形物品，是殉葬的厌禳物。而鹅在中国文化习俗里有“我”的隐喻义，且鹅与鸡、鸭的区别特征是“长项”，长项者，长辈也。

④厌祷：以巫术祈祷鬼神。

⑤后昆：后代子孙。

⑥湔涤：洗涤，洗刷。

译文

当初，梁昭明太子萧统埋葬母亲丁贵嫔时，曾派人寻找风水好的墓地。有人贿赂宦官俞三副请求卖地，声称如果得到三百万钱，以其中的一百万送给俞三副。俞三副秘密启奏梁武帝，说："太子所得的地不如现在这块地对皇上更有利。"武帝年纪大了多猜忌，便命人买下这块地。葬礼结束后，有个道士说："这块地不利于长子，但如果压一压，或许还可以延长一些。"于是将蜡鹅及其他物品埋在丁贵嫔墓侧的长子之位。宫监鲍邈之、魏雅当初都受昭明太子宠幸，鲍邈之后来被魏雅疏远，于是便秘密向武帝启奏说："魏雅用巫术给太子祈祷鬼神。"梁武帝派人查验挖掘，果然挖到了蜡鹅等物，很是吃惊，要彻底追查这件事，徐勉极力劝谏梁武帝才作罢，只杀了那位道士。因为这件事，太子终生羞愧愤恨，难以自我证明。等到太子死后，梁武帝征召太子的长子南徐州刺史华容公萧欢到建康，打算立萧欢为昭明太子的继承人，仍记恨以前那件事，犹豫了很久，最终没有立萧欢，庚寅日，派遣他回到了南徐州。

臣司马光说：君子对于真理的追求，不可以有片刻偏离，也不可以有半步过失。以昭明太子的仁爱孝顺，凭借梁武帝的仁慈而爱人，一旦有了猜疑，太子因忧愤而死，祸害延及后代子孙，昭明太子为求吉反而得凶，以致无法洗雪自己的冤屈，能不引以为戒吗！因此对于那些怪异荒诞之徒，诡诈邪佞之术，君子要远离啊。

高洋拥兵建北齐

原文

【梁纪十九】简文帝大宝元年（庚午，550 年）

东魏齐王洋之为开府也，勃海高德政为管记，由是亲昵，言无不尽。金紫光禄大夫丹杨徐之才、北平太守广宗宋景业，皆善图谶[①]，以为太岁在午[②]，当有革命，因德政以白洋，劝之受禅。洋以告娄太妃，太妃曰："汝父如龙，兄如虎，犹以天位不可妄据，终身北面，汝独何人，欲行舜、禹之事乎！"洋以告之才，之才曰："正为不及父兄，故宜早升尊位耳。"洋铸像卜之而成，乃使开府仪同三司段韶问肆州刺史斛律金，金来见洋，固言不可，以宋景业首陈符命，请杀之。洋与诸贵议于太妃前，太妃曰："吾儿懦直，必无此心，高德政乐祸，教之耳。"洋以人心不壹，遣高德政如邺察公卿之意，未还；洋拥兵而东，至平都城，召诸勋贵议之，莫敢对。长史杜弼曰："关西[③]，国之劲敌，若受魏禅，恐彼挟天子，自称义兵而东向，王何以待之！"徐之才曰："今与王争天下者，彼亦欲为王所为。纵其屈强，不过随我称帝耳。"弼无以应。高德政至邺，讽公卿，莫有应者。司马子如逆洋于辽阳，固言未可。洋欲还，仓丞李集曰："王来为何事，而今欲还？"洋伪使于东门杀之，而别令赐绢十四，遂还晋阳。自是居常不悦。徐之才、宋景业等日陈阴阳杂占，云宜早受命。高德政亦敦劝不已。洋使术士李密卜之，遇"大横"，曰："汉文之卦也。"又使宋景业筮之，遇"乾"之"鼎"，曰："'乾'，君也。'鼎'，五月卦也。宜以仲夏受禅。"或曰："五月不可入官，犯之，终于其位。"景业曰："王为天子，无复下期，岂得不终于其位乎！"洋大悦，乃发晋阳。

高德政录在邺诸事，条进于洋，洋令左右陈山提驰驿赍事[④]条并密书与杨愔。是月，山提至邺，杨愔即召太常卿邢劭议造仪注[⑤]，秘书监魏收草九锡[⑥]、禅让、劝进诸文；引魏宗室诸王入北宫，留于东斋。甲寅，东魏进洋位相国，总百揆[7]，备九锡。洋行至前亭，所乘马忽倒，意甚恶之，至平都城，不复肯进。高德政、徐之才苦请曰："山提先去，恐其漏泄。"即命司马子如、杜弼驰驿续入，观察物情。子如等至邺，众人以事势已决，无敢异言。洋至邺，召夫赍筑具[8]集城南。高隆之请曰："用此何为？"洋作色曰："我自有事，君何问为！欲族灭邪！"隆之谢而退。于是作圜丘[9]，备法物[10]。

丙辰，司空潘乐、侍中张亮、黄门郎赵彦深等求入启事，东魏孝静帝在昭阳殿见之。亮曰："五行递运[11]，有始有终。齐王圣德钦明，万方归仰，愿陛下远法尧、舜。"帝敛容曰："此事推挹[12]已久，谨当逊避。"又曰："若尔，须作制书。"中书郎崔劼、裴让之曰："制已作讫。"使侍中杨愔进之。东魏主既署，曰："居朕何所？"愔对曰："北城别有馆宇。"乃下御坐，步就东廊，咏范蔚宗[13]《后汉书·赞》曰："献坐不辰，身播国屯，终我四百，永作虞宾。"所司请发，帝曰："古人念遗簪弊履，朕欲与六宫别，可乎？"高隆之曰："今日天下犹陛下之天下，况在六宫。"帝步入，与妃嫔已下别，举宫皆哭。赵国李嫔诵陈思王[14]诗云："王其爱玉体，俱享黄发期。"直长赵道德以车一乘候于东阁，帝登车，道德超上抱之，帝叱之曰："朕自畏天顺人，何物奴敢逼人如此！"道德犹不下。出云龙门，王公百僚拜辞，高隆之洒泣。遂入北城，居司马子如南宅，遣太尉彭城王韶等奉玺绶，禅位于齐。

注释

①图谶：符命占验之书。

②太岁在午：太岁，旧历纪年值岁干支的别名。如逢甲子年，甲子就是太岁；乙丑年，乙丑就是太岁；依此类推，至癸亥年止。迷信的说法，太岁在午，天下不太平，当有大事发生。

③关西：指宇文氏。

④赍事：携带着高德政进呈的事条。

⑤仪注：礼节。

⑥九锡：古代帝王赐给有大功或有权势的诸侯大臣的九种物品。

⑦百揆：百官。

⑧赍筑具：带着建筑工具。

⑨圜丘：古代帝王为祭天所筑的圆形高坛。

⑩法物：指宗庙乐器、车驾、卤簿等器物，帝王登基所用。

⑪五行递运：金、木、水、火、土五行互相递代地运行。

⑫推挹：推重，推崇。

⑬范蔚宗：指范晔（398—445），字尉宗，南朝宋人，著名史学家。范晔撰写了被后人称之为前四史之一的《后汉书》。

⑭陈思王：指曹植（192—232）。他是曹操与武宣卞皇后所生第三子。曹植在文、明二帝的12年中，曾被迁封过多次，最后的封地在陈郡，曹植死后谥号曰思，故后人称之为“陈王”或“陈思王”。

译文

东魏时期，齐王高洋在成立府署、选置僚属的时候，任命勃海人高德政为管记，从此两人很亲密，言无不尽。金紫光禄大夫丹杨人徐之才、北平太守广宗人宋景业，都通晓图谶占验之术。他们认为太岁星在午，应当有改朝换代的事情发生，就利用高德政来告诉高洋，劝他接受禅让。高洋把这件事报告给娄太妃，娄太妃说：“你父亲像龙一样，兄长似虎一样，还认为皇位不可以非分地占有，一生北面称臣，你难道是什么人，想效法舜、禹禅让的事吗！”高洋把娄太妃的话告诉徐之才，徐之才说：“正因为赶不上您的父兄，所以才应该早点升上尊位罢了！”高洋通过铸铜像进行占卜表明可以成功，于是让开府仪同三司段韶询问肆州刺史斛律金，斛律金来拜见高洋，坚决认为禅代之事不可以，并因为宋景业首先述说符命，请求高洋杀了他。高洋和各位权贵在娄太妃面前商议此事，娄太妃说：“我儿子懦弱率直，一定没有这种想法，高德政喜欢祸乱，这是他指点的！”高洋认为各位权贵的想法不一样，就派遣高德政去邺城明辨公卿大臣们的想法，还没有返回；高洋就聚集军队向东出发，到达平都城，召集诸位功臣权贵商议禅代之事，没有人敢应对。长史杜弼说：“关西宇文氏是国家的强敌，如果您接受魏的禅让，恐怕宇文氏挟持天子，自称义兵而向东进攻，大王拿什么来抵御他呢！”徐之才说：“现在与大王争夺天下的人，他也是想做大王所做的事，即使他倔强，不过按照我们的做法称帝罢了。”杜弼无从应答。高德政到了邺城，委婉地劝告公卿大臣，没有人应对。司马子如到辽阳迎候高洋，坚决主张不可以。高洋打算返回，仓丞李集说：“大王来此为了什么事，现在打算返回?”高洋假装派人在东门杀掉他，另外命令赏赐他十四绢，于是返回晋阳。从此以后，高洋平常总是不高兴。徐之才、宋景业等人每天述说阴阳之理、占卜术的事理，说应该早点接受天命。高德政也不停地敦促劝说。高洋让术士李密占卜禅代之事，得到大横卦。李密说：“这是汉文帝得过的卦呀。”高洋又让宋景业用筮草占卦，得到乾卦的鼎卦。宋景业说：“乾卦，君主之象。鼎卦，五月的卦。应当在仲夏受禅。”有的人说：“五月不可以做当官治民之职，触犯了它，会死在他的官位。”宋景业说：“大王做天子，不再有下台的期限，哪能不命终在皇位呢!”高洋非常高兴，于是又从晋阳向东进发了。

高德政记录了在邺城察访到的各种情况，逐条呈进给高洋。高洋命令近臣陈山提驾乘驿马疾行，带着高德政进呈的事条和密信给杨愔。当月，陈山提到达邺城，杨愔就召集太常卿邢邵商议撰写礼仪制度，秘书监魏收起草九锡、禅让、劝进等礼节的文告；并延请东魏宗室诸王进入北宫，留在东斋。甲寅日，东魏晋升高洋为相国，总领百官，加九锡。高洋将要到前亭时，他所骑的马忽然倒下，内心很厌恶这件事，到达平都城后，不再愿意前进了。高德政、徐之才极力请求说：“陈山提先去邺城了，担心他泄漏消息。”高洋听了，就命令司马子如、杜弼驾乘驿马疾行继续进入邺城，以观察人心动向。司马子如等人到达邺城后，众人以为形势已定，无人敢有异议。高洋到达邺城后，召集民夫带着工具聚集在城南。高隆之问道：“召集民夫做什么?”高洋勃然大怒，说：“我自然有事，你问这干什么！想被灭族吗!”高隆之谢罪而退。于是民夫开始修筑圜丘，准备法器物事。

丙辰日，司空潘乐、侍中张亮、黄门郎赵彦深等要求入宫陈述事情，东魏孝静帝在昭阳殿召见他们。张亮说：“金、木、水、火、土五行互相递代运行，王朝的运数有始有终，齐王高洋拥有至高无上的道德，敬肃明察，四方归附仰仗，希望陛下向上效法尧、舜禅让。”孝静帝收敛笑容说：“这件事推辞揖让已经很久了，理当逊位禅让。”又说：“如果这样，须制作诏书。”中书郎崔劼、裴让之说：“诏书已经制作完毕。”让侍中杨愔把禅让的诏书进呈。东魏孝静帝签署后，说："安排朕在什么地方?"杨愔回答说："北城另有馆舍。"孝静帝走下御座，步行走向东廊，长吟着范晔《后汉书·赞》的一段话："献帝因生不得其时，身体被迁徙，国又困顿，大汉四百年运数到我终结了，让我永远做虞的宾客尧的儿子丹朱的角色吧!"主管禅让事务的官吏请求孝静帝出发，孝静帝说："古人有留恋遗簪敝屣的情感，我想和六宫的妃嫔告别，可以吗?"高隆之说："今天天下还是陛下的天下，何况是六宫。"孝静帝步行入后宫，与妃嫔及其以下告别，整个后宫都哭了。赵国人李嫔诵读陈思王曹植的诗："王其爱玉体，俱享黄发期。"直长赵道德用一辆车等候在东阁门，孝静帝登上车，赵道德跳上车抱住他，孝静帝呵斥他说："我自己畏天命，顺人心，你是什么东西敢这样威逼我!"赵道德还不下车。孝静帝出了云龙门，王公百官行拜礼辞别，高隆之流泪哭泣。孝静帝进入北城，住在司马子如的南宅，派太尉彭城王韶等人捧着玉玺印绶，禅位给齐。

荒淫无道之北齐文宣帝

原文

【梁纪二十二】敬帝太平元年（丙子，556 年）

齐显祖之初立也，留心政术，务存简靖[①]，坦于任使，人得尽力。又能以法驭下，或有违犯，不容勋戚，内外莫不肃然。至于军国机策，独决怀抱；每临行阵，亲当矢石，所向有功。数年之后，渐以功业自矜，遂嗜酒淫泆，肆行狂暴；或身自歌舞，尽日通宵；或散发胡服，杂衣锦彩；或袒露形体，涂傅粉黛；或乘驴、牛、橐驼、白象，不施鞍勒；或令崔季舒、刘桃枝负之而行，担胡鼓拍之；勋戚之第，朝夕临幸，游行市里，街坐巷宿；或盛夏日中暴身，或隆冬去衣驰走；从者不堪，帝居之自若。三台构木[②]高二十七丈，两栋相距二百余尺，工匠危怯，皆系绳自防，帝登脊疾走，殊无怖畏；时复雅舞，折旋中节，傍人见者莫不寒心。尝于道上问妇人曰："天子何如？"曰："颠颠痴痴，何成天子！"帝杀之。

娄太后以帝酒狂，举杖击之曰："如此父生如此儿！"帝曰："即当嫁此老母与胡。"太后大怒，遂不言笑。帝欲太后笑，自匍匐以身举床，坠太后于地，颇有所伤。既醒，大惭恨，使积柴炽火，欲入其中。太后惊惧，亲自持挽，强为之笑，曰："向汝醉耳！"帝乃设地席，命平秦王归彦执杖，口自责数，脱背就罚，谓归彦曰："杖不出血，当斩汝。"太后前自抱之，帝流涕苦请，乃笞脚五十，然后衣冠拜谢，悲不自胜。因是戒酒，一旬，又复如初。

帝幸李后家，以鸣镝射后母崔氏，骂曰："吾醉时尚不识太后，老婢何事！"马鞭乱击一百有余。虽以杨愔为宰相，使进厕筹[③]，以马鞭鞭其背，流血浃袍。尝欲以小刀剺其腹，崔季舒托俳言曰："老小公子恶戏。"因掣刀去之。又置愔于棺中，载以辒车[④]。又尝持槊走马，以拟左丞相斛律金之胸者三，金立不动，乃赐帛千段。

高氏妇女，不问亲疏，多与之乱，或以赐左右，又多方苦辱之。彭城王浟太妃尔朱氏，魏敬宗之后也，帝欲蒸⑤之，不从；手刃杀之。故魏乐安王元昂，李后之姊婿也，其妻有色，帝数幸之，欲纳为昭仪。召昂，令伏，以鸣镝射之百余下，凝血垂将一石，竟至于死。后啼不食，乞让位于姊，太后又以为言，帝乃止。

开府参军裴谓之上书极谏，帝谓杨愔曰："此愚人，何敢如是!"对曰："彼欲陛下杀之，以成名于后世耳。"帝曰："小人，我且不杀，尔焉得名!"帝与左右饮酒，曰："乐哉!"都督王纮曰："有大乐，亦有大苦。"帝曰："何谓也?"对曰："长夜之饮，不寤国亡身陨，所谓大苦!"帝缚纮，欲斩之，思其有救世宗之功，乃舍之。

帝游宴东山，以关、陇⑥未平，投杯震怒，召魏收于前，立为诏书，宣示远近，将事西行。魏人震恐，常为度陇之计。然实未行。一日，泣谓群臣曰："黑獭不受我命，奈何?"都督刘桃枝曰："臣得三千骑，请就长安擒之以来。"帝壮之，赐帛千匹。赵道德进曰："东西两国，强弱力均，彼可擒之以来，此亦可擒之以往。桃枝妄言应诛，陛下奈何滥赏!"帝曰："道德言是。"回绢赐之。帝乘马欲下峻岸入于漳，道德揽辔回之；帝怒，将斩之。道德曰："臣死不恨，当于地下启先帝，论此儿酣酗颠狂，不可教训。"帝默然而止。它日，帝谓道德曰："我饮酒过，须痛杖我。"道德挟之，帝走。道德逐之曰："何物人，为此举止!"

典御丞李集面谏，比帝于桀、纣。帝令缚置流中，沉没久之，复令引出，谓曰："吾何如桀、纣?"集曰："向来弥不及矣!"帝又令沉之，引出，更问，如此数四⑦，集对如初。帝大笑曰："天下有如此痴人，方知龙逄、比干未是俊物!"遂释之。顷之，又被引入见，似有所谏，帝令将出要斩。其或斩或赦，莫能测焉。

注释

①简靖：简约、清静、稳定。

②构木：此指梁柱。构，搭架，构筑。

③厕筹：大便后用来拭秽的木条、竹条或篾片。

④轜车：即"輀车"，丧车。轜，读 ér。

⑤蒸：指下与上通奸。

⑥关、陇：指西北地区的关山、陇山，自古为兵家必争之地。

⑦数四：三四次。

译文

北齐显祖文宣帝高洋即位之初，注意为政方略，力求简便稳定，坦诚地对待委用的人，使人人能为国尽力。又能够用法令来统治臣下，倘若有人违犯，元勋贵戚也不宽容，朝廷内外秩序良好。至于军国机密、决策，则独自进行决断；文宣帝每次驾临前线，亲自冒着乱箭和飞石，军队所指向的地方都建立了功勋。几年以后，文宣帝渐渐地凭借功业妄自尊大，于是纵酒、淫逸，恣意妄为，猖狂暴戾；有时从早到晚独自唱歌跳舞；有时披散头发，穿着胡服以及不搭配的丝织品；有时裸露着形体，面部涂抹着白粉眉毛画着黛墨；有时骑着不用鞍和勒绳的驴、牛、骆驼、白象；有时让崔季舒、刘桃枝背着他出行，背着胡鼓拍击；元勋和贵戚的官邸，不分早晚驾临，穿行市场，坐在街头，留宿里巷；有时盛夏天光着身子晒太阳，有时隆冬时节脱衣奔跑；跟从他的人不能忍受，文宣帝却一如既往。三台宫殿的梁柱高达二十七丈，两柱之间相距二百多尺，工匠上去都感到忧惧害怕，都系着绳子自我防护，而文宣帝登上三台宫殿屋脊快步走，一点也不害怕；不时又有标准的舞蹈动作，弯下身子旋转符合节拍，旁边的人看到没有不感到担心的。他曾在路上问一个妇女说："天子怎么样呢?"这妇女回答说："疯癫痴呆，如何能做天子!"文宣帝把她杀了。

娄太后因文宣帝撒酒疯，举起手杖打他，说："像这样英雄的父亲竟生出这样混账的儿子!"文宣帝说："应当把这个老母亲嫁给胡人了。"娄太后非常恼怒，就不再说话和微笑。文宣帝想让娄太后笑，自己趴下用身子把坐床抬起，将太后摔在地下，太后多处受伤。酒醒之后，高洋感到非常羞愧愤恨，让人堆柴点火，想跳进去烧死。娄太后惊慌恐惧，亲自扶起拉出高洋，勉强笑着说："刚才你喝醉了!"文宣帝就让在地上铺席，命令平秦王高归彦手执棍棒，自己嘴里数落着罪过，脱衣露背接受鞭挞。文宣帝对高归彦说："打不出血来，就杀了你。"娄太后上前抱住他，文宣帝痛哭流涕苦苦哀求，于是在脚上打了五十下，然后穿衣、戴帽向娄太后叩拜表示歉意，悲不自胜。因这件事开始戒酒。十天后，又嗜酒如故。

文宣帝到李后的家，用响箭射李后的母亲崔氏，骂道：“我醉酒时尚且不认识太后，你这老奴算什么！”还用马鞭乱打了一百多下。文宣帝虽然以杨愔为宰相，但让他（在自己大便时）往厕所递送拭秽的篾片，用马鞭打他的背部，血流浸透了长袍。曾想用小刀子在他的小腹上划痕，崔季舒假托说笑话：“这是年龄稍长的年轻人的恶作剧啊！”趁势拿刀离开。文宣帝又曾把杨愔放在棺材中，用丧车运着出殡。文宣帝还曾手持长矛骑马奔驰，三次用长矛做向左丞相斛律金胸口刺去的动作，斛律金站着不动，文宣帝就赏赐他一千段帛。

高氏家族中的妇女不管血缘关系的远近，文宣帝多与她们淫乱，有时拿她们赏赐给随从，又用多种办法侮辱她们。彭城王高浟的太妃尔朱氏，本是魏敬宗的皇后，文宣帝想与她淫乱，她不从；文宣帝亲手杀了她。原东魏乐安王元昂是李后的姐夫，他的妻子很漂亮，文宣帝多次奸淫她，想把她纳入后宫做昭仪。文宣帝召元昂入宫，令他趴下，用响箭射他一百多下，凝结的血块将近一石，终于被射死。李后为此啼哭不进食，请求让皇后位给姐姐，娄太后又认为不合适，文宣帝才没这样做。

开府参军裴谓之上书极力劝谏文宣帝，文宣帝对杨愔说：“这个蠢货，怎敢这样做！”杨愔回答说：“他是想让陛下杀了他，以便在后世成名吧！”文宣帝说：“小人！我就不杀你，你怎么能出名！”文宣帝和近臣饮酒，说：“真快乐呀！”都督王纮说：“有非常快乐，也有非常痛苦。”文宣帝问道：“什么意思？”王纮回答说：“沉湎长夜之饮，没有醒过来已国亡身死，这就是所说的大痛苦！”文宣帝把王纮捆起来，准备杀掉他，想起他有救世宗的功劳，就放了他。

文宣帝在东山嬉游宴饮，因为想到关山、陇山一带还没有平定，把杯子一摔，大怒，把魏收叫到跟前，站着写下诏书，向远近宣告将向西行动。西魏人因此惊恐，宇文泰曾有翻越陇山以躲避的计划。但宇文泰实际上并没有西行的举动。有一天，文宣帝流着泪对群臣说：“黑獭（宇文泰）不听我的命令，怎么办呢？”都督刘桃枝说：“给我三千骑兵，我请求到长安去把他捉拿回来。”文宣帝赞许他，赏赐给他一千匹帛。赵道德走上前说：“北齐和西魏是东西方相邻的两国，强弱力量均等。对方的人可以擒拿归来，这一方也可以被擒拿过去。刘桃枝胡说应该处死，陛下怎么滥施奖赏呢！”文宣帝说：“道德说得对。”收回给刘桃枝的绢帛赐给赵道德。文宣帝想骑马从陡峭的河岸跳到漳河里，赵道德挽住辔绳把他拽回来。文宣帝大怒，准备处死赵道德。赵道德说：“我死没有遗憾，当到地下启奏先帝，弹劾这个儿子酣饮酗酒，疯癫狂乱，不可以教育和训导。”文宣帝沉默不语，不杀赵道德了。另一天，文宣帝对赵道德说：“我喝酒过量时，必须痛打我。”赵道德动手打他，文宣帝逃跑。赵道德追着说：“你是个什么人，做出这种举动！”

典御史李集当面劝谏，将文宣帝比作夏桀、商纣。文宣帝下令将李集捆起来放到流水中，让他淹没很久，再下令拉出水面，对他说：“我比夏桀、商纣怎么样？”李集回答说：“后来的远远赶不上他们呢！”文宣帝又下令沉他入水，拉出来又问，这样反复三四次，李集的回答像开始一样。文宣帝大笑说：“天下有如此呆痴的人，我这才知道龙逢、比干还不算杰出人物呢！”于是释放了他。一会儿，李集又被拉入宫见文宣帝，他似乎有所进谏，文宣帝下令带出去腰斩。文宣帝要杀人还是赦免，没有人能猜想得到。

古韵体验

Gu Yun Ti Yan

资治通鉴

北宋时期，政治局势总体趋于稳定，但是由于阶级社会中不可克服的内在矛盾，反抗时有发生。在统治集团内部，党派之争常常炽热到表面化，当时称为“朋党”，这种分歧，有时是因政见不同而发生争论，而多数是为了争权夺位。在对外方面，更有和少数民族统治者之间的矛盾，如北方的契丹，西北的西夏，西方的羌人和南方的广源等，在这些斗争中，宋朝常常是得不偿失。

这些问题，造成了社会动荡不安，统治集团内部矛盾重重，边疆地区的安全问题，都迫使统治者要从各朝的历史中总结经验，寻求解决的办法。所以司马光编这部书时，不仅重视政治和军事活动，凡与加强统治有关的制度、理论、用人、行政、礼乐、历数、习俗风气以及少数民族的历史等等，不论是正面的或反面的经验，都收入这部书中，也就是以加强文官统治为归宿。

本来司马光为这部书拟定的名称是“历代君臣事迹”，表明他是着重在“君”和“臣”的有关活动。后来宋神宗对于这部书很感兴趣，认为“鉴于往事，有资于治道”，并且写了序文，于是改称为“资治通鉴”。在书名中特别标出一个“治”字，其目的也就十分明显了。

书中描绘了春秋战国至五代期间的历史发展脉络，探讨了秦、汉、晋、隋、唐等统一的王朝和战国七雄、魏蜀吴三国、五胡十六国、南北朝、五代十国等几十个割剧政权的盛衰之由，生动地刻画了帝王将相们的为政治国、待人处世之道，以及他们在历史旋涡中的生死悲欢。

《资治通鉴》为我国第一部编年体通史，16朝1362年史事囊括无遗，备受历代统治者及文人学士青睐，视为必读之书。

《资治通鉴》自成书以来，受到了中国古代历朝统治者的青睐，成为他们常看不厌常看常新的佐政良史。马上皇帝元世祖忽必烈非常重视《资治通鉴》，专请儒士为他们讲解其中的治国之道，用蒙古语言写了《通鉴节要》作为教材。

明太祖朱元璋更对此书倍加推崇，他每天清晨早起研读《资治通鉴》，认为“习闻明知古代帝王之道，身体力行《通鉴》原则”，并常常以此训诫左右大臣。清圣祖康熙对《资治通鉴》更是达到了痴迷的程度，他经常翻阅这本书，认为《资治通鉴》“事关前代得失，甚有裨于治道。”

《资治通鉴》本身的编纂，具有很多特点或优点。首先是它取材广博和编写精审，所记叙的历史是幅员超过万里，人口超过千万，时间长达一千多年，而全书不到三百卷，组织精密，条理清楚，详略得宜，言简事明，有深入浅出之妙，这是一般史书不能与之相比的。

其次，司马光的治学态度非常严谨，所用史料都经过仔细选择，并将选用的过程和选定的理由一一记载下来，编成“考异”，成为《通鉴》一书的一个组成部分，在后世流传中，人们才把它分开了，这项治学方法，因此称为“考异法”。这都是在组织形式方面比较突出的优点。

小至一个人，大至一个国家，《资治通鉴》里都给我们提供了一个学习比较的典型。如商鞅以刑名之学变法，手段太残酷，积怨太深。他在渭水旁边处决囚犯，染红了整片渭水。更重要的是，他没有得到太子虔和贵族的支持。秦孝公一死，商鞅就被车裂灭门。“得人者兴，失人者崩”，今日中国要推行各项改革，亦应徐图缓进，毋操之过急。

再来说说唐太宗，唐太宗是个明智且有远见的皇帝。一个人要知足，干什么都要前思后虑，适可而止。光知吃饭，不知“锄禾日当午，汗滴禾下土”的稼穑之艰难，就不会珍惜粮食，就会大吃大喝，就会忘记劳动者的血汗，久而久之，则饭不常也。

只知骑马，加鞭快马，不知道喂马，不知道让马休息，不知疼马，则不能久乘之。不错，一时比那些让马休息的人快了一些，可是你忘了，坐下骑已经气喘吁吁，快渴死了，饿死了，累死了，它不会把你驮到目的地的。

君犹舟，民犹水，水可载舟，也可覆舟。当权者不知爱护百姓，当头头的，不知关心下属，则危在旦夕。这也就清晰明了地告诉我们一个道理：一个人要知足，干什么都要前思后虑，适可而止。

解读历史，才渐渐明白，任何在对历史的无知基础上的自豪与崇拜都只能受到那些长眠于地下的先人们的嘲讽。只有以一颗虔诚的心去走进历史，才会发现，历史留给我们最珍贵的东西，不是文学，不是艺术，也不是伟人，而是和平与秩序的宝贵性，只有在和平的年代，只有在有秩序的生活中，文学、艺术以及其他一切的一切才能够展其所长，社会生活才繁荣稳定，才有了真正令我们自豪的历史。

延伸阅读

Yan Shen Yue Du

文化延伸

——与本书内容有关的图书、影视

《温国文正司马公文集》
作者：司马光

研究缩影

《温国文正司马公文集》共八十卷：包括赋一卷、诗十四卷、文六十五卷。司马光的散文，记叙周详，词句简练、通达。因不刻意致力，他的文章颇有自然质朴之感。名篇《训俭示康》教导儿子司马康厉行俭约，言简意赅地提出“由俭入奢易，由奢人俭难”，至今仍有借鉴意义。

《贞观政要》
作者：吴兢

研究缩影

《贞观政要》是唐代史学家吴兢著的一部政论性史书。书中提出了“君依于国，国依于民”的重民思想，还提出了用人惟贤才、广开言路、尊儒重教、仁德先行、省刑慎罚、俭约慎行、善始慎终等主张和要求，是中国开明封建统治的战略和策略、理论和实践的集大成。

《春秋》
作者：孔子

研究缩影：

《春秋》是儒家的经典之一。它记载了自鲁隐公元年(公元前722年)至鲁哀公十四年(公元前481年)之间的鲁国、周朝及其他诸侯国的历史，是中国现存最早的一部编年体史书。

名家链接

1.王安石

(1021年—1086年)，字介甫，号半山，汉族，北宋著名的思想家、政治家、文学家、改革家。王安石进士及第之后，政绩显著。1069年任参知政事，次年拜相，主持变法。因守旧派反对，变法很快就结束了，很多刚刚施行的新政被废。郁然病逝于钟山。谥号“文”，故世称王文公。

王安石潜心研究经学，被誉为“通儒”，创“荆公新学”，促进宋代疑经变古学风的形成。哲学上，用“五行说”阐述宇宙生成，丰富和发展了中国古朴素唯物主义思想；其哲学命题“新故相除”，把中国古代辩证法推到一个新的高度。在文学上，他的散文论点鲜明、逻辑严密，有很强的说服力，充分发挥了古文的实际功用；短文简洁峻切、短小精悍，名列“唐宋八大家”。其诗“学杜得其瘦硬”，擅长于说理与修辞，晚年诗风含蓄深沉、深婉不迫，以丰神远韵的风格在北宋诗坛自成一家，世称 “王荆公体”。有《王临川集》、《临川集拾遗》等存世。

2.刘挚

(1030年—1098年)，字莘老，北宋永静东光人。嘉祐四年中进士甲科，能力出众，政绩卓越。因刘挚一生刚直不阿，正气森严，忠贞爱国，宋哲宗死后，韩忠彦为右丞相，为刘挚翻案，并给予“忠肃”称号，后被追赠为“元祐忠贤”。刘挚平生酷爱学习，治学严谨，才华横溢，他撰写的《忠肃集》曾被后人广为流传。

经典语录

1. 秤砣虽小压千斤，以其德足以教化正俗，其才足以顿纲振纪，其明足以烛微虑远，其强足以结仁固义；大则利天下，小则利一国。

2. 国以民为本，民以食为天。

3. 以人为镜，可以知得失。

4. 以其人之道，还治其人之身。

5. 与父老约，法三章耳。

6. 与百姓同甘苦，卑身厚币以招贤者。

7. 运筹帷幄，坐安社稷，论功行赏。

8. 缘木求鱼，升山采珠。

9. 宜直言正论，非苟阿意顺旨。

10. 有生之乐，无死之心，所以不胜也。

图书在版编目（CIP）数据

资治通鉴/（宋）司马光著．-- 长春：北方妇女儿童出版社，2016．8（2021.2重印）
（中华国学经典全民阅读书库）
ISBN 978－7－5585－0049－7

Ⅰ．①资… Ⅱ．①司… Ⅲ．①中国历史－古代史－编年体 Ⅳ．①K204．3

中国版本图书馆 CIP 数据核字（2016）第 163890 号

资治通鉴
ZIZHI TONGJIAN

出版人　刘　刚
责任编辑　吴　桐
开　　本　710mm×1000mm　1/16
印　　张　13
字　　数　165 千字
版　　次　2016 年 2 月第 1 版
印　　次　2021 年 2 月第 3 次印刷
印　　刷　三河市华晨印务有限公司
出　　版　北方妇女儿童出版社
发　　行　北方妇女儿童出版社
地　　址　长春市净月开发区龙腾国际大厦A座
电　　话　总编办：0431－81629600

定　　价　29.80 元